特別な才能はいらない

自分にしかできない
スクールリーダーになろう

中竹竜二
日本ラグビー協会コーチングディレクター

教育開発研究所
KYOIKU KAIHATU

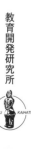

はじめに

「リーダーが変われば組織は変わる」

この言葉は、私自身がコーチングディレクターという役職においてコーチをコーチする際、冒頭で必ず共有するメッセージです。

これまでの組織論では、「組織はリーダーで変わる」ということが定説のように言われていましたが、私はリーダーが先に変わることですべてが変わると信じています。

いかに怠惰な部下や意識の低いメンバーがいたとしても、変化を起こすことができるのは自分自身のみです。だからこそ、部下や組織の課題に目を向ける前に、自らの成長を優先課題にしなければなりません。指導者にとって「相手以上に成長する」という最も困難な目標をもつこと、それがリーダーの宿命なのだと考えています。

「リーダーとは何か?」

「リーダーとは何をすべきか?」

こうした問いに対する回答として、さまざまなイメージや言葉が予想されます。歴史を紐解いていくと、過去の偉大なリーダーたちがどういう人物で、どのような特長をもっていたか、また、どうやって組織をつくり、功績をあげたのかを知ることができます。それらをふまえ、この本を書くにあたってまず意識したのは「世の中に唯一正しい解は存在しない」ということです。

ですから読者の皆さんも、本書に書かれていることが絶対に正しい、もしくは書かれていることをそのまま実行すればうまくいく、というふうには考えないでください。お願いしたいのは、この本を通じて、今の環境のなかで何が自身に適した回答なのかを考えてみてほしいということです。本書のなかには参考になる事例や考え方もあると思いますが、まったく共感できない内容もあるでしょう。それぞれの場面で自身に問いかけながら本書と対話するように読み進めていただければ幸いです。

本書では、とくに「学校を経営していくための心構えとスキル」にフォーカスした内容を意識しました。組織の環境や状況によってリーダーのとるべき行動は当然変わります。ただし、いかなる分野、いかなる規模の組織においてもマネジメントするための大枠はまったく同じです。よって、今回本書に書かれている内容は、学校だけでなく、民間企業やスポーツ団体、家庭といったあらゆる組織に汎用し、試すことができるでしょう。

「マネジメント」とは、ひとことで言うと「自分以外の人と目標を達成していくこと」です。そして「リーダー」とは、フォロワーがいて初めて成り立つものです。そう考えていくと、人はひとりでは何もできないということに気づきます。こうしたことを前提に、リーダーとして周りの人を観察し、問いかけ、巻き込み、組織を前進させることを全体のテーマとしました。

実際に現場でマネジメントを行う際、考えたとおりにいくことはほとんどありません。誰もが多くの失敗に遭遇するでしょう。けれどもそこでとどまらず、ぜひ失敗から学ぶ姿勢を忘れずにいてください。人や組織は失敗からこそ多くの学びを得られるのです。

そして、頭で考えるだけでなく、実践に移そうと意識することも大切です。考えて、行動し、振り返る。このサイクルを頻度高く繰り返すことが成長につながっていきます。

マネジメントがうまくいったからといって、すべての成績や業績、評価がただちに上がるわけではありません。ただし、組織内で使われている言葉の変化の兆しや、リーダーとフォロワーの言葉が徐々に一致していく過程を見逃さないようにしましょう。それこそがマネジメントの本質であり、ポジティブな結果を生み出します。

本書との出合いが、スキルや知識を高めるだけでなく、〝自ら問いかけ、自身の思想をつくる〟〝唯一正しい解は存在しないからこそ、自分だけの思想を明らかにする〟……そんなヒントやきっかけとなることを願っています。

先生が児童・生徒を指導するとき、児童・生徒たちは飛躍的な成長を遂げるでしょう。教える側は、その児童・生徒以上の成長を目指して、ともにがんばっていきましょう。

目次

はじめに……3

序章　リーダーの覚悟……10

1章　マネジメント……17

1　マネジメントとは……18

組織に必要な「他者性」……18

偶然を必然に変える「連続性」……23

2　「GPDR」サイクル……28

「ゴール」を明確にする……28

ゴール設定の五つの条件……33

プレビュー（計画・準備）で描くゴールまでの道のり……39

ディシジョン・メイキングで決めるゴールまでの道筋……43

人は振り返り（Review）からしか学べない……49
〈コラム〉ラグビー日本代表にみる組織づくり……55

2章 リーダー……61

1 リーダーとして……62
自分らしくスタートを切る……62
リーダーのあり方……68
孤独とどう向き合っていくか……73
リーダーのスキルとスタイル……75

2 リーダーが変われば組織は変わる……81
目標を共有する……81
「振り返り」の質を高める……86

3 リーダーとメンバー……92
仲間を支える「フォロワーシップ」とは……92

言葉を使ってチームビルディング……98
チームワークを高める……103
コーチングの基本……109
いかに助け合うか……114
群集の中の孤独……120
すべての責任はリーダーにある……125

4 リーダーの言葉……131

言葉をつくる、言葉を変える……131
リーダーとしての口ぐせをもつ……137

3章 ファシリテーター×リーダー……143

岩瀬直樹・中竹竜二対談

あとがき……192

序章　リーダーの覚悟

あなたは「リーダー」です

　はじめにひとつ、前提として確認しておきたいことがあります。いまこの本を読んでいただいているあなたは「リーダー」です。これから先は、自身がリーダーであるという意識で読み進めていただければと思います。

　リーダーという言葉を聞いて、あなたはどんな姿を想像しますか。仕事ができて、コミュニケーション能力が高く、カリスマ的な存在感で周囲を圧倒し、常に組織を引っ張っていく……このように、完璧なスーパーマンを想像した方がたくさんいらっしゃるのではないでしょうか。

　しかし、私の考え方は違います。

「どんな人でも、リーダーはできる」――これが私の持論であり、実際に証明してきたことです。

少しだけ、私の経歴について話をさせてください。学生時代に早稲田大学ラグビー部の主将を務め、その代は準優勝。その後同大学ラグビー部の監督に就任し、大学選手権で2連覇を達成しました。現在は日本ラグビー協会でコーチングディレクターを務めると同時に、3期にわたりU20日本代表ヘッドコーチを務め、2016年には日本代表ヘッドコーチ代行も兼務しました。

これだけ聞くと、多くの人が「輝かしい経歴だ」と褒めてくれますが、実は本当の姿ではありません。では実際はどうかというと、昔から足が遅くラグビーセンスは全くなし。学生時代は最終的には主将を務めるも、3年時まではずっと補欠でした。

監督になったときにはコーチ経験ゼロで、選手から舌打ちをくらうこともしばしば。存在感も薄く、「日本一オーラのない監督」というあだ名をつけられたほどです（笑）。U20日本代表のヘッドコーチに就任するも、自身は代表経験がなく威厳は皆無。そんな、カリスマとはほど遠いリーダーだったのです。

リーダーの条件

では、こんな私がどうしてリーダーになれたのか。そして、チームを動かし、結果を残すことができたのか。それは、リーダーの条件を理解し、そのうえで自分に最も適したリーダーシップの発揮の仕方を知っていたからです。

私のなかでのリーダーの条件はとてもシンプルです。**その条件とは、リーダーとしての覚悟を持っていることと、自身のぶれない軸（スタイル）を貫いていることです。**

私のリーダーシップの発揮の仕方は「フォロワーシップ」という「支える」ことに注目したスタイルでした。簡単にいうと、チームのメンバーの上や前に立って組織を「引っ張る」リーダーとは違い、メンバーの後ろや下から「支える」のがフォロワーシップです。

普通のリーダーは、自らの権威を強めるために、自分にしかできないことをできる限り大きくし、組織での立ち位置を確立しようとします。ですが、私が目指したのは全くの逆でした。自分にしかできないことをできるだけ小さくし、自ら走り出してくれるような最高のチームをつくりあげる。そのためには、徹底的にメンバーを支え、それぞれが力を最大限引き出す手助けをする必要がありました。

もちろん、フォロワーシップがすべてというわけではありません。ただ、お伝えしたいのは、リーダーに求められるのは、トップに立って人を引っ張るカリスマ的な力や、圧倒的な存在感だけではないということです。すべてをこなす完璧なリーダーになる必要はないのです。

「十人十色」とよく言うように、必ずそれぞれに合ったスタイルがあるはずです。ところがリーダーになった途端、みんなが同じ「完璧なリーダー像」を目指して走りだす。**本来大切なのは、しっかりと自分を見つめ、どのスタイルが自分に合っているのかを考えることなのです。**

完璧なリーダーは存在しない

一般的に、リーダーが失敗してしまうのには二つのパターンがあります。一つは、自分に合わないトップダウン型のリーダーになろうとして、その「虚像」と闘い自滅してしまうこと。そしてもう一つが、「矛盾」と闘い自滅してしまうことです。

価値観が多様化し、決まりきった一つの正解がない現在の世の中において、リーダーの前には多くの矛盾が立ちはだかります。**そのなかでリーダーに求められるのは、矛盾と向き合う「覚悟」です。**

そもそも組織というのは、異なる個人が集まった集合体です。そうなるともちろん、意見は千差万別で、常に誰かが批判し誰かが傷ついているという状態です。あなたの組織でも、似たようなことが起こっていませんか。

そこで多くの人は、矛盾をなくすために努力をし、唯一の正解を見つけようとしがちです。しかし、多様な価値観が渦巻く組織において、矛盾をなくす正しい方法など存在しないのです。まずすべきは、矛盾を受け入れること。そのうえで、とにかく現状に応じた自分なりの決断を下していく勇気こそ、いまのリーダーに求められる力だと、私は考えています。

この世の中において、完璧なリーダー像というものは存在しません。そして、唯一の正解というものも存在しません。私はスポーツの現場において、多くの経験を積ませてもらいましたが、それは企業であっても教育の現場でも同じです。

これからの教育現場では、校内の教職員はもちろん、外部の人材や地域の人材を巻き込み、新しい答えをつくりあげていくことが不可欠です。その中心にいるのは「リーダー」であるあなたです。今こそリーダーとしての覚悟を持ち、自身のスタイルを発揮していくタイミングではないでしょうか。

1 章

マ ネ ジ メ ン ト

1 マネジメントとは

2 「ＧＰＤＲ」サイクル

1 マネジメントとは

組織に必要な「他者性」

リーダーは、組織がゴールを達成するための、最も大きな責任を担っています。そして、マネジメントの父と呼ばれるピーター・ドラッカーが、マネジメントの定義をとてもむずかしいものだと述べたように、リーダーによってマネジメントの定義も異なるものだと私は考えています。なので、私がこれから話すことがすべて正しいということではなく、私自身が何をマネジメントと定義していたのか、またそれはどうしてか、という話をしていきたいと思います。

私は、**マネジメントとは「組織に再現性を生むことを可能にするもの」**だと考えています。「再現性」とはどういうことかというと、監督である自分がいなくなっても、次の試合では選手たちがのびのびと試合で力を発揮し、勝手に結果をおさめてくれる。勝つのが非常に困難な格上の相手と戦い、ラッキーで勝利をおさめた場合には、そのラッキーをも再現し、格上の相手に次々に勝っていく。そんな状態が、私の理想とする「再現性」が実現している状態です。

組織に「再現性」が生まれている状態をより深く分解してみましょう。すると、そこには二つの要素があることがわかります。一つめが「他者性」。二つめが「連続性」です。

まず、一つめの「他者性」とは、簡単に言えば「他の人にもできる」ということです。私の場合でいえば、他者性を高めることとは、監督にしかできないもの、つまり自分以外の人にはできないことを限りなくゼロに近づけていくことだと、考えています。

「他者性」を高めることがなぜよいのか、という話をする前に、「他者性」がない状態の組織には何が起こるのか、少し考えましょう。これまで多くのリーダーは、自分にしかできないことをできる限り大きくしようとしてきました。組織のなかでの自分の権力を最大限強めるのです。これは、リーダー論の最初の考え方でした。

しかしながら、時代が流れるにつれてここに疑問と限界が生まれてきたのです。私はいち早くその動きをキャッチし、自身のマネジメントに取り入れました。もしかすると流れをキャッチしたというよりは、権力を持ってトップで引っ張るカリスマ型リーダーにはなれなかったから、早々と自分に合った手法を探したということもありますが。

古くからのリーダーたちが、なぜ自分にしかできないことをできるだけ多くしようとしたのか。それは、自分の力が強ければ、周りからは尊敬され、組織のなかでの存在価値は上がり、自分にとって非常に心地のよい安全な環境で力を発揮していくことができるからです。

一見、リーダーにとっては大変よいことのように見えますが、これは一時的なものです。権力者のリーダーを祭り上げた周りのメンバーたちは、どんどん自分では何もできなく、いや、むしろ自発的に行動しなくなっていく。結果、組織どころかメンバーたちの成長はストップし、考える力を失っていく。リーダーだけの力を強めるということは、組織としての力をどんどん弱くしているのと同じことなのです。まるで、独裁者が治めた帝国が、どんどん力を失っていくのを見ているように。

つまり、自分の力が強くなればなるほど、「他者性」はゼロに近づいていくということ。でも、あなたが目指すべき理想の組織は全く逆のはずです。ここから、「他者性」を高めることの意義がおわかりいただけるかと思います。

私が監督を務めていたラグビーのチームにおいては、監督にしかできないコーチング、監督しか知らない情報、監督しか編み出せない戦略、というものが全くない状態を理想としていました。では、そのために何をするかというと、いい考えが生まれたらそれをすぐに全員で共有する。そしてそのうえで、なぜそういうアイデアが生まれたのか、という背景や考え方まで伝えていくのです。ほかにも、国際的なコーチのカンファレンスに参加し、学んだことがあれば、そのコーチング手法を持ち帰り、すぐに仲間に共有します。自身のレベルが上がったら、それを他のコーチたちも使えるよう教え込んでいくのです。

そういう意味でいうと、私のなかには、出し惜しみという概念は一切ありません。他のコーチたちが、自分よりコーチングがうまくなってしまったら、などという考えも全くないのです。むしろ、組織のメンバーたちがどんどんレベルを上げて、私がいらないくらいになってほしいと願っているほどです。スキルも情報も考え方も、すべてを共有することで、より強いチームができると考えているからです。

私のゴールは、チームのなかで権力を持っている、尊敬されるリーダーになることではありません。すべてはチームを勝利に導くため。ゴールを忘れなければ、やるべきことはとてもシンプルです。

ゴールは何か

そう考えると、**すべてはゴールから始まっています**。あなたの役割は、単純に「何やらよくわからないマネジメントというもの」をわからないまま実践することではなく、ゴールを達成するために必要な「マネジメント」を定義し、最大限活用していくことなのです。私は「マネジメント」とは、組織をゴールに導くためのツールであり頼もしい武器だと考えています。だからこそあなたにも、ゴールを達成するためには何が必要か、どんなふうに戦うかを考え、自分なりのマネジメントを定義してほしいと思います。

リーダーとして、ゴールを明確に掲げ、根本はどこにあるのか常に問いかけ続けれ

ば、おのずと道は見えてくるはずです。

偶然を必然に変える「連続性」

「再現性」の実現を可能にする二つ目の要素である「連続性」とは何か。

まず、組織において、ベストの状態が常に再現され続けるというのは、相当ハードルが高いことです。しかし、リーダーのマネジメント次第で、ベストの状態に近づけることが可能となります。「再現性」が実現すれば、「偶然」や「奇跡」を「必然」に変えることができるのです。

では、そのうち一つの大きな要素である「連続性」とは何か。それは、成果を出し続ける人が必ず持っている能力の一つです。「普通の人」というのは、たまたま一度だけうまくいったり、自分でもよくわからないが偶然成功して、同じことをしたら二回目はうまくいかなかったり、ということが往々に起こります。「普通の人」と「成果を出し続ける人」の違いというのは、自身の行動や結果をきちんと見つめ、振り返るかどうかです。

成果を出し続ける人というのは、何がよかったのか、悪かったのか、どうしてうまくいったのか、逆にどうしてうまくいかなかったのか、ということを常に振り返って理解しているのです。だから、たまたまうまくいったことを偶然で終わらせるのではなく、次に同じ状況に直面したときに必然に持っていくことができるのです。

一方で、連続性のマインドを持たない人というのは、なんとなく成功したことに対し、次もうまくいくだろうと勘違いしがちで、自分を振り返ったり、次に向けた十分な準備をしたり、ということを怠りがちです。すると、せっかくの「点」が「線」になって未来につながることなく、「点」のまま終わってしまうのです。

勝ったときこそ振り返る

マネジメントの肝である「再現性」を実現するためには、自分の行動をきちんと振り返り、結果に結びついた理由や本質的な要素を徹底的に整理することが必要です。

たとえば、スポーツの試合でいうと、偶然格上の相手に勝ったとき。多くの人は、自分たちは強いと勘違いし、「勝った」という結果だけに焦点を当てて終わらせてしまいます。しかし、成果を出し続ける人は次のステップを踏むのです。「今回の勝利は喜ばしいことだ。しかし、もう一度やるとしたら、自分たちはどうすべきなのか。何を柱として戦うのか」と問いかける。このように考えられる人こそ、成功し続けられるのです。

私が監督を務めていたラグビーチームの例で、より具体的に説明しましょう。あるゲームにおいてチームが非常にいいパフォーマンスを発揮し、格上のチームに勝ったとします。そのときに私は、「自分たちが強くて勝ったのだ」と満足して終わりにするのではなく、①今回の試合ではなぜ勝てたのかという「客観的な分析」をし、②次にもう一度同じ相手と戦ったらどうなるかという「予測をしたうえでの今後の戦略」を考えます。

今回の例で考えると、自分たちに負けた格上のチームというのは、そもそも格下の自分たちに対して油断していた可能性が高い（①客観的な分析）。次に、今回の試合においては勝利することができたとしても、次の試合では当然本気で向かってくるだろうということが予測できます。そして、これに対する戦略として、相手は自分たちを強いと思い込んだ状態で向かってくるから、逆にプレッシャーをかけることができる。そのため、こちらとしては強気のプランで効果的に攻めていくという策を練ることができるのです（②予測と戦略）。

状況の分析。ある望ましい結果が得られたことに対し、それが偶然やラッキーでうまくいったのではないか。条件が悪かったり、環境が変わったりした場合にも同じようにうまくいくのか、と問いかけることが、「連続性」を実現するための第一歩だと言えるでしょう。

常に挑戦し続ける姿勢

組織に「連続性」を生み出すためのもう一つの要素として、「姿勢」が大きな鍵を握っています。

何かがうまくいくときというのは、誰にも負けたくないという大きな力や挑戦心が効果的に作用することも少なくありません。しかしながら、人間はいざ成功を収めたり勝利を手にしたりしてしまうと、ハングリー精神や挑戦心を失ってしまいがちです。そのために、本気で取り組んでやっと手にした成功であっても、その成功は自分の能力だけによるものだと思ってしまうのです。

偶然を必然に変えるには、自身やチームにとってのベストなエネルギー状態や姿勢を把握しておく必要があります。その状態を軸として常に立ち戻ることができれば、油断や傲慢さがつい出てしまったり、手を抜いたり、ということを防ぐことができるのです。戦略は変わっても、その試合や本番に向かう姿勢を常に変わらずに貫き通すことで、偶然が必然に、そして点が線へとつながっていくのです。

常に挑戦し続ける姿勢を忘れず、自身の行動や成功要因を整理・分析し続けてほしいと願っています。そしてたった一度の偶然の成功を、必然と本当の実力へと変えていただければと思います。

2 「GPDR」サイクル

「ゴール」を明確にする

なぜ「再現性」を生むことが必要なのか、なぜ私がマネジメントの定義を「再現性」だと定義したのか、あなたは思い出せますか。

答えはとてもシンプルです。**それは実現したい「ゴール」を達成するためです。**つまり、「勝ち続けるチームをつくる」という明確な目標を実現するためなのです。今後は、「マネジメント＝むずかしいよくわからないもの」ではなく、「ゴール達成を実現するための武器」だと考えてください。

リーダーたちが組織を動かすうえで最初にすべきは、ゴールを明確にすることです。

組織においても個人においても、どこに向かっているのか、何を目指しているのかを示すことが必要です。

そうでないと、いくらがんばったとしてもそれは「目的のない行動」で終わってしまうのです。たとえば、「試合で勝つための練習」が「練習のための練習」に変わってしまったり、勉強をがんばってはみたものの、結局何のためにやっているのかわからなかったり……といったことが往々に起こり得ます。なぜならヒトは、ゴールがなくても動けてしまう生き物だからです。

②「ＧＰＤＲ」サイクル

「ＰＤＣＡサイクル」というものがあります。Plan（計画）・Do（実行）・Check（評価）・Action（改善）という業務遂行のステップですが、これには大きな落とし穴があります。ＰＤＣＡサイクルでは、「目的を忘れてしまいがち」だということです。

ＰＤＣＡにおいては、最初のステップである「Plan」のなかに「目標設定」「計画・準備」の両方の意味が含まれています。ところが、ＰＤＣＡサイクルを回そうとする多くの人が、目標を立てることなく、または立てたとしても忘れてしまい、ただ何となく計画や準備を始めてしまう。そのうちにサイクルを回すこと自体に意味があると思い込み、ゴールを見失った結果として失敗してしまうのです。

「GPDR」サイクル

私は優れたリーダーのジョブサイクルを分析し、新たに「GPDR」というサイクルを考えました。今では自身がビジネスやスポーツの現場で活用すると同時に、さまざまな企業へ提唱しています。**GPDRは「Goal Creation（目標設定）」→「Preview（計画・準備）」→「Decision Making（意思決定）」→「Review（振り返り）」の4ステップで成り立っています。**

このサイクルを回すことによって、自身や組織のゴールがより明確になり、目標設定・計画・準備・意思決定・振り返りのすべての質が高まっていくのです。

GPDRサイクルの四つのステップについては、以降詳しく説明していきますが、それぞれ簡単にポイントをお伝えします。

①G：目標設定

一つめの「Goal Creation（ゴール・クリエイション）」とは「目標設定」です。冒頭でも述べたとおり、**組織においてリーダーが一番にすべきはゴールを明確にすることです。**目指すべきところが決まることで、達成に至るまでの道のりの具体化が必要になります。目標設定のステップは、GPDRサイクルのなかでもっとも重要なステップといっても過言ではありません。

②P：計画・準備

ゴールが決まって初めて、次のステップが意味を持ってきます。二つめの「Preview（プレビュー）」とは「計画・準備」です。ゴールが決まったからと言って、何もしなくても達成できるわけではありません。**成功するためには詳細な行程とそのための準備が必要です。**

私はよく、「準備を失敗することは、失敗を準備することだ」と言っています。ここでの「準備」は、ゴールにいたるまでのプロセスを描く「計画」と、必要な行動やものを洗い出して「用意」することの二種類を指します。このステップにおいて重要なのは、ゴールまでの過程をイメージすることです。

③D：意思決定

準備ができたら、次は行動を起こしていきます。しかし、三つめのDは「Do」ではありません。ここでのDは「Decision Making（ディシジョン・メイキング）」、つまり「意思決定」です。

さまざまな選択肢があるなかで、何をするか、どの道を選ぶか、自身の意思で決めるのです。自らの意思で選択し、行動を起こしていく。「決断すること」もリーダーにとって必要な力です。

④R：振り返り

そして最後、四つめの「Review（レビュー）」は「振り返り」です。**偶然を必然に変える「連続性」を生むためにも、適切な振り返りは不可欠です。**自身や組織のことを客観的に見つめることができて初めて、次につなげることができるのです。

GPDRサイクルで授業を考える

このGPDRサイクルの流れを、学校の授業を例に考えます。ただ何となく授業をするのではなく、まずはその授業で実現したいゴールを設定します（G：目標設定）。

ゴールがあることで、ゴールに至るまでの過程が見える化されなければなりません。授業のための準備やその日の50分の授業の進め方も、その授業において気づきを与えたいのか、成功体験をつくらせたいのか、それとも勉強のおもしろさを伝えたいのかというゴールによって、全く変わってきます（P：計画・準備）。

次に、目的が変わればとるべき行動も変わり、ゴールに沿った意思決定が必要になります。さまざまな選択肢のなかで迷うことがあっても、明確なゴールがあれば軸として立ち戻ることができるのです（D：意思決定）。

そして最後に、授業に対して立てたゴールに対し、振り返りをします（R：振り返り）。

すべてはゴール設定から始まります。サイクルを回すなかでも、目指している場所はどこなのかを常に意識し続けること。これが、成功への第一歩だと言えるでしょう。

ゴール設定の五つの条件

失敗する組織の多くは、ゴールがあいまい

あなたの組織にゴールはありますか。また、そのゴールは明確ですか。

この問いかけをした理由は、多くの組織において、ゴールがあるようで明確に決まっていないケースがあるからです。スポーツであれば「とても強くなる」、ビジネスであれば「たくさん売上を上げる」といったあいまいな目標を掲げている組織が少なくありません。

しかしそれらは、私からすると「適切なゴール」とは言えません。失敗する組織の多くは、具体的な目標がなく、あいまいなゴールのまま活動をスタートさせています。**ゴールが明確にない組織は、実際の日々の活動が、目指しているゴールに近づいているかを見極めることができず、「自己満足」に陥ってしまいがちです。**

前章で、「普通の人」と「成果を出し続ける人」の違いというのは、自身の行動や結果をきちんと見つめ、振り返ることができるかどうかだとお伝えしました。それは個人においてのみでなく、組織においても同じです。ゴールを決めることで、振り返りの軸をつくることができます。

一方で、ゴールがない場合には、振り返る際の基準があいまいになり、成果として何を得ようとしていたのかも不明瞭となります。同時に、目の前の仕事や業務に没頭し、自己満足で終わる危険性もあります。

教育にゴールはいらない？

先日、ある学校の先生が「教育にゴールなんていらない」と仰っていました。教育には無限の可能性があるということを仰りたかったのかもしれません。しかし、私は「教育」や「成長」というものは数字で測りきれないからこそ、ゴールが不可欠だと考えています。

成長というのは目に見えるものだけではないし、数字からも判断できないものはたくさんあります。それゆえ、ついつい漠然としたゴールのまま進み、結果として何を目指していたのかわからなくなってしまいます。

ヒトは、イメージできないものは実現できません。逆に言えば、イメージさえできれば実現できる可能性が大いにあります。ゴールが決まれば、あとはゴールに至るまでの道のりを具体化し、実現に向けて行動するのみです。

ゴールを明確にすることは、目的を確立することでもあります。どんな行動を選択する場合でも、立ち戻れる軸さえあれば迷うことはありません。

学校の授業を例にとると、その日の授業で子どもたちに「多くの気づきを与えたいのか」「成功体験をつかんでもらいたいのか」で、授業の進め方は大きく異なります。ただ単にやるべき学習指導要領をこなすのではなく、その日のゴールやそのために何をすべきかを明確に認識している先生たちが、子どもたちに伝えたいことを届けることができるのです。

ゴール設定の五つの条件

では一体、ゴールはどのように立てればよいのでしょうか。次に、目標設定において不可欠な「五つの条件」をご紹介します。

①具体性

一つ目は**「具体性」**。私が早稲田大学ラグビー部の監督だった頃には、「決勝戦で50対0で勝つ」という目標を掲げ、勝った瞬間の時間、場所、色、音、香り、表情などをすべて具体的にイメージして、言葉にし、選手たちにも同様にその光景を想像させました。

②チャレンジング

二つ目は**「チャレンジング」**。簡単に達成できるようなゴールは、ゴールとは言えません。ヒトのやる気を引き出すのは、届きそうで届かないようなチャレンジングなゴールです。

③期限

三つ目は**「期限」**。ヒトは期限を決めてそれを共有することで、そのときまでに達成しようと努力するのです。

パーキンソンの法則というものがあります。これは、イギリスの歴史学者シリル・ノースコート・パーキンソンが提唱した法則で、「仕事の量は、完成のために与えられた時間をすべて満たすまで膨張する」というものですが、期限を決めると、その期限ギリギリまで使って仕事をするということであり、つまり逆に言えば、期限を決めないと、まだ大丈夫だと先延ばしにしてしまうということが言えます。これは仕事だけでなく、ゴールの実現においても同じです。

④主語

四つ目は**「主語」**。ゴールを設定するうえで重要なのは、「私が」というように「主語」を明確にすることです。組織で目標を立てると、つい他人事になってしまいがちですが、「私が」という主語を入れることで、目標を自分ごと化することができます。

⑤わくわく感

五つ目は**「わくわく感」**。これは、ゴール設定において最も重要な条件の一つです。ゴールとは、「それを達成した姿を想像すると、心の底からわくわくできるような理想の状態」です。誰かに強制されたり、押しつけられたりするのではなく、自分たちが心から「実現したい」と思えるような、わくわくするゴール設定が、モチベーションを高めてくれます。

＊

以上の五つの条件を満たすゴール設定を心がけることで、ゴールの質は格段に上がります。

同時に、常に「なぜ」「何のために」という根本の目的を問い続けることが、質の高いゴールを設定するうえで重要なポイントです。「ヒトはイメージできないことは達成できない」。これを心に刻み、実現したいゴールを思う存分想像してください。

プレビュー（計画・準備）で描くゴールまでの道のり

プレビューとは何か？

プレビューには、「Plan（プラン）＝計画」と「Preparation（プレパレーション）＝準備」という二種類の要素が含まれています。もっと具体的に言うと「これから起こる本番に対し、自身のなかで仮想体験をすること」です。

プレビューをするうえで重要なのは、プレビューが終わったときには「不安が取り除かれ、より自信を持って本番に臨める状態」になっていることです。さもなければ、不安ばかりが膨らんで心配になってしまったり、無駄に自信だけが先走ったりして失敗してしまうのです。

ネガティブプラン・ポジティブアクション

多くの人は物事に対してとても楽観的に準備し、本番になって慎重に取り組もうとします。もちろん何かゴールを達成したい場合には「わくわく感」が不可欠なため、ゴールに対して楽観的なイメージを持つのは間違いではありません。

しかし、ゴールのイメージがポジティブなものだからこそ、実際にハプニングや壁に当たったときに慌ててしまうのです。不安要素を事前に取り除くためにも、**「どんなことが起ころうとも必ず成功させる」という意識を持って、ゴールに至るまでの障害やネガティブポイントを可能な限り洗い出すことが必要なのです。**

最悪のシナリオを用意せよ

私はいつも「最悪のシナリオ」を用意しています。これは何も、私が悲観的な人間というわけではありません。ぶれない輝かしいゴールは、はっきりと見えているのです。その理想のゴールを掲げたうえで、そこに至るまでに起こりうる最悪な状態をイメージします。

ラグビーの事例をあげると「1年後の夏に行われる国際試合でベスト10入りを果たす」というゴールを決めたら、そこに至るまでに起こりうる最悪のシナリオを想像します。

もし遠征に行ってたくさんの怪我人を出してしまったらどうするか。掲げた戦略が全く機能しなかった場合にどうするか。選手やスタッフが仲間割れを起こし、チームの雰囲気が最悪になってしまったらどうするか。最悪の事態を思いつく限りリストアップしたら、一つひとつに対してそうならないための準備と、万が一なってしまった場合の対処法を考えます。これさえ考えておけば、何も怖いものはありません。なぜなら、最悪よりも恐ろしいことは起こらないのですから。

また、もし最悪のシナリオが起こらなかったら、「ラッキー！」とも思え、ますますアクションのときにポジティブになれます。**最悪のシナリオを思い描くときのポイントは、単発的な最悪の羅列ではなく、常に最後はこのゴールに至るという「ストーリー」を描くことです。**

準備と計画を分けて考える

「プラン」とは、大きな全体的な計画をさす一方で、「プレパレーション」は具体的に何をするか、行動まで落とし込んだより詳細な準備を意味します。

営業先を訪問する営業マンを例にすると「〇月〇日にA社を訪問して新商品の説明

をする」というのがプラン。同時に「どんな服を着て、何を持って、何分かけて、どんな話をして、何を見せるか」という計画もプランです。

一方で、プレパレーションは、営業相手に見せるための資料をつくったり、着ていく服を揃えたりする具体的な行動を指します。つまり、「ゴールに至るまでの細かいシミュレーションをして、それを実現するための準備をすること」がプレパレーションです。

ＰＤＣＡサイクルには「Plan（計画）」というステップがありますよね。ＰＤＣＡがうまくいかない理由の一つは、具体的なアクションまで落とし込めずに、イメージのなかで計画が終わってしまうことです。**「プラン」と「プレパレーション」それぞれを分けて定義することではじめて、両者が本当の意味を持ってくるのです。**

教育現場での活用法

教育の現場において、プレビューをどう活かしていけるか考えてみましょう。授業などの「モノ」だけではなく、子どもたちの成長の仕方というような「ヒト」に関するものに対してもプレビューは応用が可能です。

まずは年間の授業プランを立てる場合。年間50回の授業をする場合に、20回は楽しいと思わせ、20回はむずかしいと悩ませる、そして残りの10回は力試しをするというように、授業の進め方や全体像を計画するときにはもちろん効果的です。

一方で、子どもたちの個別の成長過程をイメージしていくことも一種のプレビューだと言えます。この作業は時間がかかりますが、同時にとてもわくわくするものです。

プレビューにおいて、最も大切なものは「想像力」です。未来は、そのときにならないと実際に体験することはできません。しかし、想像のなかにおいてならいくらでも何度でも体験できるのです。いいこともあれば悪いこともある、そんなストーリーを何度も思い描いて、ゴールまでのベストな道を見つけ出してください。

ディシジョン・メイキングで決めるゴールまでの道筋

ディシジョン・メイキングを一言で定義するならば、「意思決定」と「行動」。つまり、**決めて実行することです。**ＰＤＣＡサイクルでいえば、Doに当たる部分です。
では、ディシジョン・メイキングとDoの違いとは一体何なのでしょうか。Doとはただシンプルに、実行することです。一方でディシジョン・メイキングのなかには、実行のみでなくその前の意思決定のプロセスが含まれます。

なぜディシジョン・メイキングが必要なのか

実際に人が何かをしようとするときには多くの場合、ただやるというDoの部分だけではなく、プランどおりに実行するのか、現場での判断を元に実行するのかを決めるステップを踏んでから動いています。そしてこの決めるという行為が、その後の行動の成否を左右します。

いくら完璧に準備をしたとしても、現場ですべてがプランどおりに運ぶことはほとんどありません。ゴールのためにプランを変えるという状況が必ず訪れます。あくまでも状況に応じた、現場での適切な「決断」が不可欠なのです。

判断と決断はちがう

「判断」と「決断」。この二つの言葉は、似ているようで全くの別物です。私は、両者を次のように定義しています。

判断の基準は、正しいか正しくないか。決断の基準は、強いか弱いかと早いか遅いか。同時に、判断は過去の事象に対する評価であり、決断は未来の事象に対する方向性の決定だと考えています。

ディシジョン・メイキングで求められるのは、選択の正しさではなく、あくまで決断。これを覚えておいてください。

常にいくつかのカードを持っておく

意思決定には大きく二つのポイントがあります。ポイントの一つ目は、常にいくつかの選択肢を持つことです。道筋が定まらない漠然とした状態からある一つの決定を導き出すよりも、ゴールに沿って整理された複数の選択肢のなかから一つを選ぶ方が簡単です。プランどおりに進んだなら選択肢A、プランどおりにいかなかった場合は選択肢Bというように、常にいくつかのオプションを用意しておくことが意思決定をスムーズにしてくれます。

そのためにも、マネジメントの四つのステップの第二のフェーズである「Preview（プレビュー）」で想像できる事態すべてを洗い出し、シミュレーションしておくことが必要なのです。

早く、強く決めること

二つ目のポイントはスピード感と決断の強さです。早く、強く決めることが決断においてはとても大切です。

私の研修やセミナーでは、よく5秒間で決断しなければならないワークを組みます。ヒトは悩むことに時間をかければかけるだけその決定が正しいと思いがちですが、直感的な決断というのは正しい場合が多いからです。実際、5秒で選んだ選択肢と30分考えて選んだ回答は86％が同じものになるという研究結果があるほどです。

実際に私自身が早く、強い決断の重要性を学んだのは、早稲田大学ラグビー部のキャプテンを務めていた頃です。学生の自主性が重んじられていた当時は、キャプテンに選手選考の権限が任されていました。

シーズン真っ只中のある日、レギュラーの一人が怪我をし、ビッグゲームに向けて別のメンバーを投じなければなりませんでした。才能豊かな新人のルーキーを出すか、力量は足りないが4年間ずっとチームを支えてきて信頼のある4年生を出すか。さまざまな仮説を立て、悩みに悩みました。

そんななか、あるコーチが私に言いました。

「とにかく1日も早く、勢いのある方をレギュラーに選んだ方がいい。そして早くチームになじませろ。どんなにお前が考えたところで、二人の実力の差は変わらない」。私ははっとしました。リーダーである自分に求められていたのは正しい判断ではなく、いかに素早く決断をし、その決断をいかに強く信じてアクションを起こすかだったのです。

意思決定に時間がかかれば、実際のアクションまでに時間を要してしまいます。仕事でいえば、作業自体にかけられる時間が減り、精度や効果までもを下げてしまいかねないのです。

プレビューの段階でとことん作戦を練ったうえでの意思決定ですから、もう迷っている時間はありません。スピード感がその後の勝敗を握っていると思って、潔く決断しましょう。

すべてはベストだと信じて行動に移す

私はよく「ネガティブプラン・ポジティブアクション」という言葉を使います。これは、「プレビュー」つまり準備と計画の段階では、想定できる最悪の状態をとことん洗い出してプランを練る一方で、「ディシジョン・メイキング」での意思決定後の実践フェーズでは、決めたことをとにかく前向きに実行するということです。

決めたことを後悔するのは時間と労力の無駄です。どうせやるのだから、すべてはベストだと思って意識をポジティブに持っていくことが成功の秘訣です。

迷いが生じそうなときの気持ちの整理の仕方は、いくつかの選択肢のなかでも「これしか選べなかった」「今あるなかでのベストオプションだった」と理由づけをすること。そうすることで、意思決定のスピード感も決断の強さも高まります。

人は振り返り（Review）からしか学べない

レビューとは

Review（レビュー）とは、一言でいうと「振り返り」です。自分が実際に行動したことや過去を振り返る行為のこと。日本語でいう振り返りは、反省、内省、復習、リフレクションなどさまざまな言葉に置き換えられますが、簡単にいえば、過去の事実を客観的に検証していくことです。それによって、何がよかったのか、悪かったのか、次に必要なものは何なのかが見えてきます。

ただし、通り一辺倒の振り返り方では、なかなか自分の学びや成長につなげることができません。振り返りにはさまざまな手法があることを理解し、活用することが必要です。

そもそもなぜ「レビュー」が必要なのかというと、**人間の成長や学びは準備・計画（プレビュー）から得られるものではなく、振り返り（レビュー）から得られるもの**

だからです。極端な言い方をすれば、未来の成長や学びを必要としない人や組織は、振り返りをする必要はありません。あくまでも常に自身の向上を求める人や組織にとって有効といえます。

余談ですが、ＰＤＣＡで言われる「Check ＋ Action」は、私が考案したＧＰＤＲの「Review」に相当し、検証して次なる施策考案までを含んでおり、常に次の展開を念頭に置いています。

振り返りは「ゴール」と「プレビュー」から

振り返りをするうえでのポイントの一つは、振り返る順番です。通常、多くの人は「振り返り」をするとなると、結果や行動そのものだけを振り返りがちです。

しかし、本来はＧＰＤＲの順序どおり目標（ゴール）から振り返るべきなのです。たとえば、スポーツの試合を例に考えてみましょう。振り返りのとき、多くの人はつい試合の結果やそのパフォーマンスだけを振り返ろうとします。たとえば、実際の試合映像やスコアによって試合を振り返りがちです。

一方、適切な振り返りとは、そもそも試合前にどのような目標（ゴール）を掲げ、どう戦略を立てたか（プレビュー）から振り返ります。そこから初めて、実際にどのように戦い、どのプレーを選択したのか（ディシジョン・メイキング）を振り返ることに意味が出てくるのです。

仮に、試合では勝利を手にしたが、プレビューとは違う戦略を施行し、たまたま運よく勝つ場合もあれば、プレビューどおりに完璧に実践したが、大敗する場合もあります。その場合、試合そのものだけを振り返っても、戦略が悪かったのか、本番でのパフォーマンスが悪かったのかが、明らかになりません。

たとえばサッカーの試合。６―５という接戦で最後に逆転勝利をしたとします。もちろんチームは大喜び。しかし、目標として１―０の無失点での勝利を掲げていたとしたら、そのためにとにかく守りを重視した戦略を綿密に立てていたとしたら、どうでしょうか。

本番で勝ってしまうと、つい目標（ゴール）も計画・準備（プレビュー）も完璧だったかのように錯覚してしまいがちです。そうすると、自分たちの本来の成果や課題を見逃すことにつながります。

大切なのは、その試合がどうだったかだけでなく、次の試合、その次の試合にも勝

つために、チームとして成長していくという本来の目的を失わないことです。たとえ一つのゲーム結果がよかったとしても、「勝ってよかった」で終わることなく、GPDRすべての段階を振り返ることが必要です。

振り返りのフレーミング

振り返る前に、振り返り方を決めておくこともポイントです。事前に枠を決めることをフレーミングと言います。

最も主流なフレーミングとして、私が考案した「Good/Bad/Next」というものがあります。いま日本のラグビー界の育成世代（U16、U17、U18、U20）の日本代表カテゴリー全体で使われている振り返りのフレームです。練習や試合を「よかったこと/悪かったこと/次にどうすればよいか」の三つに分けて振り返る方法です。

私がラグビーU20日本代表チームのヘッドコーチを務めていたときでは、合宿ごと、遠征ごとに、この枠組みを使った個人レビューシートで振り返りをしてもらっていました。また、試合ごとに、必ず選手たちだけで模造紙を使って振り返りを行ってもらい、コーチ陣だけで行った振り返りとすり合わせをします。

詳細に振り返りたいときは、攻撃面／守備面といった戦略面で分けたり、フォワード／バックスといったポジションで分けたり、体力面／心理面といった身体要素で分けて振り返ることもでき、より頭が整理されて、こまかい課題が導きやすくなります。これはとてもシンプルな手法なので、今やスポーツだけでなくビジネスの場や教育の場などさまざまな場面ですでに活用されています。

複数人で振り返る

フレーミングのメリットとして、複数人で行う振り返りの場を効率化し、より有意義な議論にすることがあげられます。

意外に多くの組織の議論では、悪かった点ばかりにフォーカスしたり、よかった点だけを取り上げたり、対策に一つも至らなかったりすることがあります。

この「Good／Bad／Next」による振り返りは、関係者全員が同じ枠組みで振り返ることができ、無駄なネガティブ思考や極端なポジティブ思考に陥らず、効率よく効果的に成果と課題、次なる対策が整理されます。

スポーツの試合や練習以外では、とくに、学校の授業、運動会・文化祭等のイベント、企業の営業案件などに応用できます。この「Good／Bad／Next」のフレーミングだけでなく、振り返る際は常に、何でも結構ですので、自分なりに枠組みを用意して、振り返ってみてください。効果は歴然だと思います。

人は振り返り（レビュー）からしか学べない

多くの人の場合、過去の経験のなかに自身の考えや行動がばらばらに存在しています。それらは一見何のつながりも持たないように見えますが、過去を振り返ることにより、何も考えずに選んできたように思えたことが、実は一貫性を持ってつながっていたと知るきっかけになります。**私たちは未来の自分やこれから起こる変化をつないでいくことはできませんが、過去の考えや行動をつなげることができるのです。**

人は振り返りからしか学べない。これを心に刻み、一度立ち止まって振り返る時間を大切にしてください。

コラム ラグビー日本代表にみる組織づくり

ラグビーワールドカップで日本代表が優勝候補の強豪国を撃破し、続く快進撃で世界を驚かせたことは、2015年の大きな話題となりました。その興奮と感動は今も続いているようです。そこでここでは、チームの進化を身近に見てきた立場から、「ラグビー日本代表にみる組織づくり」をテーマにマネジメントのヒントを探っていきたいと思います。

なぜ日本ラグビーは強くなったのか

その質問の答えとしては、いろいろな要素をあげることができますが、何よりも2011年、エディー・ジョーンズというヘッドコーチが就任し、明確なビジョンをもってスタートを切ったことが大きいといえるでしょう。

大会を前に、日本代表チームは、まず目標設定として「南アフリカに勝つ」というチャレンジングなゴールを掲げました。しかし、それだけに終わらなかったのが、今回のチームです。単なる数値目標、成果目標だけではなく、哲学を含んだ「ジャパン・ウェイ」という指針が示され、しっかりと言語化されて選手たちに浸透していました。

この日本代表の〝ウェイ〟には何が含まれていたのでしょうか。

一つは、これまで弱点とされてきた「体の小ささ」を、逆に素早さや重心の低さといった強みに変えて勝負するという自分たちの哲学です。

そしてもう一つ、単に試合に勝つのを目標にするのではなく、勝つことで日本ラグビーを変えるんだという選手たちの使命感がありました。日本の強さを示して歴史を変える主役になる、そのことを通じて世の中をどう変えていくかというような、それは壮大なビジョンでした。

ビジョンを現実に変える計画と準備

2015年の日本代表の結果は「ジャパン・ウェイ」のビジョンを常に意識し、そこに向けた正しい計画、現実的な準備がもたらしたといえます。

たとえば、世界の強豪国との明らかな力の差を縮めるために、エディー・ジョーンズが課したのは1日4回にもわたるハードワークです。これは、今のスポーツ界の常識からすると、非合理的で、やり過ぎにより怪我のリスクも増す危険な練習メニュー、練習サイクルでした。実践中は、世界中のコーチから批判を受けたほどです。

エディー・ジョーンズは、世界一勤勉な日本人のすばらしい国民性に触れて、「彼らならできると信じていた」と振り返ります。最新の科学の知識や過去の実績、事例などはいったんゼロにし、そのチームにとって適切なプランを練り上げ、準備を積み重ねていったのです。

ワールドカップで劇的な勝利を収めた後の選手たちのインタビューを聞くと、彼らのほとんどが勝因に「ハードワークをやり遂げた」ことをあげています。世界中のどの国の選手よりもきつい練習をクリアしたという絶対の自信を得たからこそ、日本代表チームは南アフリカに勝つことができた。彼らはハードワークによってジャパン・ウェイを貫いたのです。

勝機をつかむ日本代表チームの進化

ラグビーはルールがわかりにくいとよくいわれます。実は選手にとってもグレーゾーンが多く、ルールを理解していても意外に守り切れない＝反則をしてしまうようなスポーツなのです。とくに体が疲れて惰性でプレーしたり、相手や味方のプレー、審判に対して感情的にイライラしたときの行動が反則につながってしまうことがあります。

そこで日本代表は、「discipline（ディシプリン）」といわれる規律の部分を練習のときから大切にし、どんなにストレスのかかる場面でも平常心を失わず、反則をいかに少なくするかということに徹しました。実際にワールドカップでも、実力的に強くても反則の繰り返しにより自滅していったチームもあるなか、日本は最もクリーンで公正なチームの一つだったといえます。

ところで、２０１５年のワールドカップで、「日本代表に外国人選手がこんなにいるの？」と驚かれた方も多いのではないでしょうか。ラグビーのルールでは、母国でなくてもその国で代表を目指す人間に有利な規定があり、たとえばその国に何らかの血縁関係がある、その国で3年以上プレーするといった条件を満たせば権利を得られます。世界がグローバル化していくなかで、いかに他者を認め合い多様性を受け入れるかという部分でも、日本代表は、外国人と日本人の選手が一体となってチームをつくりあげたことが強みとなりました。

また、選手たちのなかでは、キャプテン、副キャプテン以下、それぞれのポジションから集まったリーダーグループが機能していました。彼らがコーチと選手の間に立ってつなぎ役を務め、リーダーシップを発揮したこともチーム躍進の要因だったといえるでしょう。

ビジョンを明確にすること

ラグビーの世界に限らず、企業でも、そして学校の現場でも、大事なのは、自分たちのビジョンを明確にすることです。これは単純に学校の進学率をあげる、スポーツテストの点数をあげるといった数値目標だけではなく、それが子どもたちにとって何になるのか、社会にとって地域にとって、どういう貢献ができるのか、という大きなビジョンをもって本気で取り組むことを指しています。

エディー・ジョーンズは、毎日の練習やミーティングを振り返って反省することを常とし、「失敗から多くのことを学んだ。だからこそ失敗を恐れず、いろいろなことにチャレンジしてきた」と語っています。リスクはあってもチャレンジし、いかに修正するか振り返る場面をつくる。これも、学校の現場で生かしてほしいプロセスの一つです。

「Champions Do Extra」――これは英国でワールドカップ期間中に行われたコーチングディレクターの会議に参加し、印象に残ったフレーズです。「王者は常に余計な努力をしている」という意味です。これまでにない学校の成果を収めるためのビジョンが描けたら、これまでどおりの普通のことでなく、プラスアルファの力を注ぎましょう。

2015年のワールドカップではニュージーランドが史上初の連覇を果たしました。日本もそうでしたが、ニュージーランド代表も、おそらく4年間の準備期間に他国のチームがやらない〝余計な〟プラスアルファの努力を積み重ねてきたであろうことは想像に難くありません。

2章

リーダー

1 リーダーとして
2 リーダーが変われば組織が変わる
3 リーダーとメンバー
4 リーダーの言葉

1 リーダーとして

自分らしくスタートを切る

1章の2では、リーダーのためのマネジメントサイクル「GPDR」つまり「Goal creation（目標設定）」「Preview（計画・準備）」「Decision making（意思決定）」「Review（振り返り）」の四つのステップについて、一通りお話ししてきました。

今回は、それらを踏まえ「リーダーとして、初めて実践するとき」がテーマです。現実に初めてマネジメントをする立場に就くとき、たとえば学校における管理職、校長や副校長・教頭というポストにつくことになったとき、誰もが大きな不安を抱える場面だと思います。そのなかで、いかにしてリーダーシップを発揮していくのかを考えていきましょう。

「不安」を受け入れること

そもそも初めて経験することに対して、不安がゼロとなることはないのが当然です。しかし、準備をするうえで普通だと見逃してしまいそうなことも、不安要素が気づかせてくれる場合が多いのです。**だから不安をもつということはとても大切であり、逆に不安がなければよい準備ができないともいえます。**

不安を受け入れ、マネジメントサイクルの第二のステップ、プレビューに生かしましょう。すなわち、起こりうる最悪のシナリオを想定してゴールに至るまでのネガティブポイントを洗い出し、それに対処する準備をするということです。

不安を抱くこと自体はネガティブにとらえる必要はありません。自分の準備をうまく掻き立ててくれるものとして前向きにとらえましょう。

いざアクションの段階ではポジティブに

さて、ここで失敗するパターンは、実際に動き出すときに不安な顔でスタートをしてしまうことです。本書でも、「ゴールというのはわくわくするもの。自分でわくわくするような目標をしっかりたてましょう」という話をしました。

リーダーこそが、いまの状況がどうであれ、楽しい未来を想像してスタートを切るのが重要なのです。人間は我慢して何かを手に入れたときのほうが、我慢せずに得たときよりも大きな喜びを感じるものです。最初のきつい状況を乗り切ることに、より大きな楽しみに向かっているというイメージを重ねましょう。

そして、「明日」や「明後日」ではなく、「1年後」というような、ちょっとした時間が経ったときにどんな姿になっていたいか。笑顔のイメージを常に持って、自分の気持ちを奮い立たせてください。

そのためにも自分が抱えている不安とは何かを明らかにし、それを1年かけて取り除いていくというイメージができれば十分です。

自分のスタイルを見極めること

また、過去に同じような経験をした先輩や、見本となる人の話を聞いたりすると、どうしてもその人の真似をしてしまったり、そのとおりにやらなければと思ってしまいがちです。

しかし、要は「自分のスタイル」「自分らしさ」と、これからやろうとしていることが一致しているのかどうかが肝心なのです。

たとえば、ぐいぐい引っ張っていくことがそれほど得意じゃない人にとっては、他のメンバーに寄り添って同じ目線でチームをまとめていったほうが、より一体感が生まれます。典型的なリーダーの型に自らをはめることなく、自分にはどういうスタンスが似合うのか見極めましょう。そうすることによって、まず自分が背伸びせず、できることだけをやれるようになります。

何かを始めるスタートの段階というのは、どうしても張り切ってしまいます。そこで自分に知識があることを見せたり、あまり得意じゃないことでもできるんだというポーズをしてしまうと、一生無理を続けなければなりません。それは自分を疲弊させてしまうし、周りからすると誤解を生んでしまいます。

何ができて、何ができないかを明確にし、自分の不完全さを周りの人に理解してもらうことが大切です。結果的には、それが周りの人の力をもらえることにつながるのです。

日本に勝利をもたらした五郎丸選手のリーダーシップとは

大きな注目を浴びた2015年のラグビーワールドカップで、優勝候補の南アフリカを倒すという大金星をあげた日本代表チーム。そこにはやはりすばらしいリーダーグループの存在があります。そのなかのひとり、五郎丸歩選手。彼もこのとき、選手として、そしてリーダーとして、優れた能力を発揮しました。

彼の大学時代に2年間、私は早稲田大学ラグビー部の監督として、ラグビーとは別にリーダーとしてのトレーニングも行いました。そのなかで言い続けたのは、「自分のスタイルをもて」ということです。

2015年のワールドカップ中に五郎丸選手と話したときに、彼は「私がいま、代表チームのなかで力を発揮できているのは、中竹さんから教わった〝背伸びしない〟こと、〝自分のできることを見極めてそれをひたすらやる〟ということに徹したから」と言ってくれました。

具体的には、「チームの戦略的な話や戦術的な話については一切触れず、とにかくチームで決めたことを率先して実行して見せる。練習や試合のなかで、背中で見せるということをやり切った。そしてもうひとつ、チームから託されたゴールキック。これをリーダーとしてやり切った。私はチームのなかで雄弁に何かを語ってみんなをまとめたわけではない。どちらかというと黙々とプレーをやり続けただけ。それが結果的に私のリーダーシップとしてチーム内で機能したんだ」と。

＊

世の中にはたくさんのリーダーがいるけれども、１００人いれば１００通りのリーダーシップがあります。

誰もがエディー・ジョーンズ監督や五郎丸選手になれないように、ひとりに自分だけのスタイルがあります。ぜひそれを見つけ、確立し、自分のリーダーシップを発揮していってください。

リーダーのあり方

学校のなかの組織でいえば、クラスにおけるリーダーは担任であり、学年におけるリーダーは学年主任であり、学校におけるリーダーは校長先生です。その役職が何であるかにかかわらず、**共通してこれからの組織のリーダーとして心がけておきたいことがあります。それは、「自分の不完全さをさらけ出す」ということです。**

等身大の姿であること

これまでのリーダー教育では、その真逆が主流でした。リーダーといえば、他のメンバーより優れ、メンバーの疑問に答え、組織を引っ張っていく——そんな姿が見本のかたちとされていました。

もちろんそれを常に完璧にやり遂げる天才型のリーダー、いわば〝スーパーリーダー〟の資質があれば、それでも構いませんが、多くの方はそうではないでしょう。

ではどうすればよいのか。**大切なのは背伸びをせず、等身大の姿でリーダーシップ**

をとることです。

これから先は、何が正解で何が不正解かわからない、展開の読めない時代がやってきます。そう考えたときに、校長先生や担任の先生がリーダーとしていつどんな場合でも必ず答えをもっているかというと、それはほぼ不可能といえるでしょう。したがって、これからのリーダーは、いかにして組織全体の情報や知識、気づきを集約し、新しい答えを導き出せるかが重要になってきます。

リーダーは完璧でなくていい

しかし、たとえばリーダーが自分の失敗をいっさい見せることなく、常に完璧な姿で振る舞えば、他のメンバーは何もいわなくなり、答えをリーダーだけに求めるようになってしまいます。

過去に世界最大規模で起こってしまった事故、たとえばNASAスペースシャトル爆発事故や、その他潜水艦事故といった惨事は、実は、現場でその原因となる問題に気づいている人がいたといわれています。

しかし、それが組織のリーダーに届かなかったことが、悲劇へとつながっていってしまいました。もっと早くチームで問題を共有し話し合っていれば、未然に防ぐことができたはずの事故だったのです。

リーダーが完璧な姿で振る舞えば、下からの情報は激減します。いかにリーダーが自分の答えに不確実性があることを認め、他のメンバーの考えを引き出し、問いかけ続けるか。それが組織全体を活性化し、ベストな解へと導く道です。

その一歩としてリーダーは、自身の知らないこと、できないこと、苦手なことを他のメンバーときちんと共有し、逆に自分に足りない部分を得意とするメンバーたちを鼓舞してみてください。人が持っている情報や能力をパズルのように組み合わせることで、組織の力が発揮されるのです。

リーダーの不完全さとチーム力

自身の経験を例にあげると、早稲田大学ラグビー部の監督となった当時の私は、戦略（とくに、経験のなかったキックを用いる戦略）をたてるのが苦手でした。そこで、全員のミーティングの前でそのことを暴露し、選手たちにお願いしました。

「俺はわからないから、アイデアコンテストをする。キック戦術についてよいアイデアをもっている人は、どんどん監督部屋まで案を出しに来てください」と。この話をしたときの、選手たちの私を馬鹿にする顔は今でも忘れません(笑)。

しかし、結果として、多くの選手が私にたくさんの提案をしてくれました。なかには上から目線でキック戦術を語る選手もいましたが、レギュラーはもちろん、そうでない3軍、4軍の選手たちまでが自分の考えを伝えに来てくれました。私の「わからない」と言ったひとことによって、メンバーの一人ひとりがチームのキック戦術について考えるきっかけとなり、彼らの哲学を語り合い、そしてチーム全体で共有することにつながっていったのです。

実は、2015年にラグビー日本代表として活躍した五郎丸選手も「不完全さをさらけ出す」ことによって日本代表のリーダーグループのあり方を変えたそうです。

それまでのリーダーたちは皆、プレーのスキルレベルは高く、戦術・戦略論にも長けていて、なおかつ人格的にもすばらしいメンバーが集まっていました。しかし、すべてが完璧かというとそうではありません。意外に苦手なプレーを持っていたり、直感型で論理的な思考が低かったり、私生活がルーズなリーダーたちもいたようです。

そんななか、五郎丸選手が口火を切って「俺は、細かい戦術・戦略についてはあまり得意ではないから、期待しないでくれ。その代わり、決まったことは誰よりも全力でやりきって、背中を見せる。あとは、「ゴールキックをしっかり決めるから」と告白したようです。そうするとそこから、他のリーダーたちも自分の苦手な領域を暴露し、お互いが補い合っていこうという結束が高まったようです。

＊

リーダーが不完全さを他のメンバーにさらすことで、チームワークがより高まるといわれています。人はおそらく互いに助け合い、弱点を補い合うことに喜びを感じるのでしょう。しかし、現実社会を見渡せば、多くのリーダーが自分の「完全さ」をアピールして、部下を安心させたり、威厳を保とうと必死になります。もちろんよかれと思ってそうするのでしょうが、実は逆効果なのです。ちょっとした勇気を持って、不完全さをさらけ出し、仲間の助けや支えを引き出してみてください。

部下や新人のダメなところを指摘したり、正しいことを言うだけではなく、まず自分のダメなところ、苦手なところをさらけ出し、みんなに支えてもらえるリーダーになってはいかがでしょうか？

孤独とどう向き合っていくか

「リーダーの孤独」。リーダーのなかでもミドルマネージャー等の立場ではなく、とくに組織のトップに立つ人は、誰もが孤独を感じているのではないでしょうか。

そして、リーダーは常に不安のなかで物事を決めていかなければなりません。そんなときどのような心構えでどう対処すべきか。今回は、「リーダーとして孤独とどう向き合っていくか?」というテーマで話を進めたいと思います。

矛盾と孤独を受け入れる覚悟

まず、私がリーダーたちに向けて伝えたいこと。それはリーダーの覚悟として「矛盾と向き合おう」ということです。

組織というものは、さまざまな価値観の人、いろいろな立場の人が集まっています。その一人ひとりが意見を述べれば、当然、ほとんどの場合矛盾が生じます。たとえば学校では、「もっと校長がリーダーシップを発揮してぐいぐい引っ張ってほしい」と言う先生もいれば、「もっと私たち現場に任せて、校長先生はそれを見守ってほしい」と言う先生もいるでしょう。またある先生たちは、「方向性は示してほしいけれども、方法については一緒に考えてほしい」と言うかもしれません。

一つひとつ聞けば、どの言い分も大切で、それぞれ「おっしゃるとおり」ということばかり。だからこそ、決めなければいけない立場にある校長やリーダーは何が正しいか迷い、不安のなかで物事を選択することになります。

ここで大切なのは、そもそも組織である以上、矛盾が存在することを受け入れること。そしてリーダーである以上、正解がないなかで矛盾と向き合っていく覚悟を持つことです。

反対に一番いけないのは、そこであたかも正解があると思い込み、正解を探したり、唯一の正解に向けてみんなを説得しようとすること。これは非常に困難なことです。

何かを選ぶときには、ある人から喜ばれるけれども、ある人から反対される。満場一致であればそれに越したことはないですが、選択の多くは周囲のさまざまな人から批判を受けることになるでしょう。常にそんな状況に置かれているのがリーダーだと覚悟を決めてください。

リーダーのスキルとスタイル

校長や副校長・教頭、主幹教諭や主任といった役職、つまりリーダーの立場になると、多くの方は自分を高めるためにさまざまな知識やスキルを学ぼうとするのではないでしょうか。それはとても大切なことですが、**真のリーダーになっていくためには、スキルだけではなく、自分のスタイルを確立することが大切だと私は考えています。**

「スキル」と「スタイル」。このふたつは一見、言葉としては似ていますが、まったく異なるものです。今回は、両者の違いを明確にしながら、リーダーのあり方を考えていきたいと思います。

ナンバーワンの「スキル」か、オンリーワンの「スタイル」か

まず「スキル」というものは、専門性があり、その分野において優劣がつくものと定義できます。たとえば、営業スキルやプレゼンテーションスキル、企画スキルといったかたちで表れ、スキルの高い低いによって、アウトプットや仕事の出来具合が変

わってきます。ということは、とくに「スキル」はその分野においてナンバーワンになることがとても重要になります。

一方、「スタイル」というものは、一貫性が重視されるものだというのが私の考えです。ほかと比較しようのない、その人の自分らしさ＝個性が表れたものが「スタイル」です。すなわち優劣のつくものではなく、オンリーワンを目指すことが重要になります。

よく自分らしさや個性というと「独自性」といった言葉と置き換えられることが多いようですが、私は独自性というよりも、常に自分らしさを発揮する一貫性があるかどうかという点に注目しています。

「スキル」は良し悪しで決まりますが、「スタイル」は有る無し、つまり「スタイル」を持っているかどうかの違いとなって表れます。

スキルは点、スタイルは線

それでは、「スタイル」が有るか無いかを見極めるポイントは何か。私は、普段その人が自分らしくふるまっている平常時だけではなく、どんな逆境の場面でも発揮で

きるような、人物の軸となるものを「スタイル」と呼んでいます。

私自身がラグビーチームの監督として選手を選考するときは、その基準を「スタイル」のほうに置きます。たとえばパススキル、キックスキルの高い選手を選ぶのではなく、どんなに強い相手、どんなに緊張した場面、どんなに苦しい状況でも自分のスタイルを発揮できる人間を中心に選びます。50対0で圧勝するようなゲームでスタイルを発揮したとアピールする選手よりも、0対100の大差で負けている場面であっても普段の自分のスタイルを軸に果敢に挑戦しようとする選手を選ぶということです。逆境のなかでいかに自分らしいパフォーマンスを発揮できるかどうか、それがスタイルです。

学校現場においても、なにか事故が起こったり、保護者からクレームが来たり……という事態に突然陥ることがあるでしょう。そんな局面で、いつも明るくにこやかにふるまっている先生方が慌てずパニックに陥ることなく、普段どおりの対応ができるかどうかがその人のスタイルといえます。

実は、「スキル」というものは点で存在していますが、「スタイル」というのはその人自身のすべてが線でつながっているものです。

スポーツ選手でも、たとえばパススキルに優れる人が必ずしもキックスキルに優れているわけではないように、スキルは個別にその人に付随しています。それぞれのスキルは、たとえば本やセミナーによって手に入れることもできます。

スタイルというものは、自分の弱みも強みもすべてつながっている全人格が中心となります。

かっこいいスタイルより、確固たるスタイル

大切なのは、よいスタイルをもつことを目指すのではなく、今持っている自分の軸を誇張せずに強くもつことです。


どうしても人はかっこいい「スタイル」を持とうとします。リーダーであればなおさらですが、背伸びしたスタイルというものは簡単に見破られ、逆境では使えないものになります。

私自身、早稲田大学ラグビー部の監督に就いた際には「日本一オーラのない監督」と称され、選手に馬鹿にされることもありました。ときには選手たちに文句を言われながらも、一貫して「俺は監督として能力が低いのだから、選手たちが自ら考え、自

分たちの力で勝てるようにがんばってね」というメッセージを伝えていました。

私自身のスタイルとして、怒らない指導を軸に、とにかく背伸びせず、日々答えを与えるのではなく問いかけることに力を注いだのです。選手に馬鹿にされたり文句を言われたりする姿はかっこいいものではありませんでしたが、ほかにはない確固たるスタイルを確立することができました。

スタイルの確立には、多くの時間を要します。とくに、組織での役職が上がれば上がるほど、自分をさらけ出すのがむずかしくなり、スタイルの発見の邪魔をします。

私の経験上、ビジネス、スポーツに限らずリーダーとしてスタイルを築き上げるのに、3年ほどかかります。どのようなプロセスかというと、まず自身を徹底的に見つめることが必要です。自分は何者なのか？　強みと弱みは？　好き嫌いは？といった自己認識が欠かせません。自分だけの視点ではなく、他者からのフィードバックも有効です。

けっして典型的なリーダーを目指すのではなく、自身のなかにすでにある「自分らしさ」に触れてみてください。きっとそこには心地よい自分がいます。

ぜひあなたもスキルを伸ばすことだけではなく、背伸びしなくていいオンリーワンなスタイルの理解と確立を目指してスタートしてはいかがでしょうか。

2 リーダーが変われば組織は変わる

目標を共有する

組織において、ひとつの目標を達成し成果をあげるために、リーダーができること、リーダーが心がけておくべきことはなんでしょう?

それは、リーダーがひとりで目標を考え、トップダウンでメンバーたちに指示を与えることではありません。**大切なのは、メンバーがそれぞれの目標を自ら考え、設定すること。そして、自ら考えた目標をチームのメンバー同士で共有することで、さらに達成度が高まることが、科学的にも証明されています。**

リーダーの役割として、そうした目標設定と共有のプロセスにメンバーを導いていく方法を、提案したいと思います。

目標を自ら創り、メンバー間で共有するメリット

実際には、多くの組織で上から与えられた目標に向かってメンバーがそれぞれの仕事を粛々とこなすだけという状況になってはいないでしょうか。しかし、それでは各々がまるで義務を果たすかのように働くようになってしまい、当然モチベーションは上がらず、目標の達成にはつながっていきません。

目標を立てるにあたって大事なことは、それを上から与えられるのではなく、最終的に行動する一人ひとりのメンバーが〝自ら考え、創ること〟です。他の人から与えられる目標よりも、自分で考え掲げた目標のほうがモチベーションを高める効果があり、やり切る原動力が高くなるとも言われています。

大切なのは、自分で考えるだけでなく、自分の言葉で創ることです。手垢のついたありふれた目標に新鮮さを感じなければ、オリジナルの造語を使った目標にしてもかまいません。

同時に、大きなひとつの目標に向かって、それぞれが役割に応じて設定した個別の

目標をメンバー間で共有することによって、お互いの監視の目や協力の気持ちが高まり、各々の目標達成にアクセルがかかります。

ラグビーチームにおける目標共有のプロセス

たとえば、私が指導していたラグビーU20日本代表チームでは、大会の目標を「世界ベスト8」と設定したうえで、日々の練習における個別の目標を掲げることにしていました。

試合に向けての練習ごとに、各選手が自分の目標を掲げ、練習前に全員でその目標を共有するのです。

するとどういうことが起こるかというと、練習中に仲間が掲げた目標を達成したならば、それを称え合い、また逆に掲げた目標に対して集中力を欠いていれば、コーチではなく選手同士で指摘し合うといった環境がつくられていきます。

ある海外遠征においては、試合前に選手たちが自主的に目標を掲げ、各ポジションのリーダーたちの誘導によって、それぞれの個別の目標がミーティングルームに貼り出されていました。

コーチや監督から「目標を書いて貼り出せ」と指示したわけではなく、選手らのなかで目標を掲げる大切さや全員で共有する大切さを理解したうえで行ったことです。当然、その試合ではそれまでよりもよい結果を残すことができました。

リーダーの役割は環境づくり

もしも、組織において目標設定がすべてトップダウンのものであったとしたら、互いがそれを共有する意味はそれほど高まりません。自ら掲げた目標だからこそ共有することに価値が生まれてきます。

同時に、個々の目標が違うからこそ自分以外の人間の目標に興味が湧き、コミュニケーションが増すという効果も生まれます。刺激になったり励まし合ったりする機会が増え、他のメンバーとの相互理解や一体感が高まっていきます。

リーダーとしてやるべきことは、目標を与えることではなく、メンバーが積極的に一人ひとりの目標を掲げ、そしてそれを共有する場をつくることです。メンバーそれぞれが自分の状況、ポジションに応じた目標を掲げられるよう、メンバーを導いていってください。

目標の共有＝「有言実行」をチームのエネルギーに

チームスポーツの現場においては、目標というものは人と共有することによって達成度があがります。昔から日本には「不言実行」という美学がありますが、チームスポーツにおいては「有言実行」のほうが機能します。

人は、自分の目標を他者に告げることによって責任感が芽生え、言ったことを達成しなければならないというプレッシャーが自らにかかってきます。組織において、個々がそのプレッシャーを大きくすればするほど組織全体のエネルギーが増し、チームのパフォーマンスが上がっていきます。

学校現場においても、もちろん同じことがいえます。かつて教室は「担任の聖域」と呼ばれていたほどクローズな空間でしたが、近年、オープンな空間が増えてきました。

それに伴って、教員同士の情報共有はもちろん、悩み相談や課題の共有などは、同じ学年間や同じ教科、同じ年齢の教員同士だけでやるのではなく、横断的で斜めの関係性で行うことが効果的です。

担任一人ひとりによって完結しそうな目標であっても、あえて職員全員で共有することが、目標達成への道筋となるでしょう。そうした教員個々の目標がつながり、最終的に学校全体がひとつの方向性に向かえるよう、目標を共有する場を、リーダーとして数多く提供してください。

「振り返り」の質を高める

さて、**実際に組織が動いていくときには、単に目標を掲げて共有するだけではなく、それが本当にうまくいったのかどうかを振り返ること、これが重要となってきます。**

本書では以前も「人は振り返りからしか学べない」というテーマでふれていますが、ここでは、もう一歩踏み込み、「振り返りの〝質〟」を向上させることを目指していきたいと思います。

振り返りに有用な「Good／Bad／Next」のフレーミング

1章の「人は、振り返り（Review）からしか学べない（49頁）」で、振り返りを「Review（レビュー）」という言葉に置き換えて説明をしました。レビューとは、「組織で取り組んでいるプロジェクトや、実際の行動を振り返り、課題や成果を整理すること」と同時に、「きちんと評価を行うこと」です。

まず、簡単に課題や評価を洗い出す方法として、「フレーミング」というものを使うことをおすすめします。

52頁でもふれましたが、一般的に使われるのが「Good／Bad／Next」というフレーミング。この三つのフレームに、自分の行為をあてはめながら整理していく方法です。

スポーツを例にとってみると、試合や練習において、「Good＝よかった点」が何で、「Bad＝悪かった点」が何で、「Next＝次に改善すべき点」は何か、を抽出していきます。

ビジネスマンでいえば営業の案件、教育現場でいえば一回の研修について、その日それぞれの行為のなかで何がよかったか、何が悪かったか、そしてそれをふまえて次に何をどうすべきか、というふうに活用します。

結果ではなくプロセスを振り返り、Nextを絞り込む

「振り返り」というと、どうしても日本人は「反省」の意識が強くなりがちです。このフレームでいえばBadばかりが出てきてしまいます。

しかし、結果がどうであれ、よかった点＝Goodに目を向けることも意識しましょう。たとえばスポーツの試合で負けた場合、ゲームとしては負けたものであっても、全体の過程のなかでちゃんと通用したものが何だったのかをはっきりと見出すことが大切です。結果ではなく、そのプロセスに焦点をあてたほうが人は成長するものだからです。

また、GoodとBadを踏まえ、次の試合、次の案件、次の授業に向けてNextを考えるときに、とくに何にフォーカスすべきかを優先順位をもって決めることも意識してください。

ありがちな失敗として、Badで出たすべての項目をどのようによくするかという視

点で改善点だけを並べてしまい、Nextの項目が異常に多くなってしまうというケースがあります。

しかし、人間はそれほど多くのことに注意を払えません。たとえば一つの授業の改善をはかるのであれば、Nextに掲げる項目は優先順位を決めて、三つ以内に絞ることが大切です。

多くの場合、NextはBadの課題から導き出されてしまいますが、現状でよかった点Goodをさらによくするというnextがあってもおかしくありません。反省会になってしまうと、どうしても自分たちの課題ばかりに目がいきますが、結果を出すためには、ときには悪いところには目をつぶり、よいところだけに特化するなど、NextをGoodの点から導き出すことも役に立ちます。

振り返りの視点は「準備段階から、細かく、客観的に」

「Good／Bad／Next」以外では、行った行為に対して、客観的な評価を下すことをおすすめします。評価とは、その行為を細かく分類し、機能しているかを分析することです。

たとえばスポーツであれば、試合の結果は当然ですが、サッカーやラグビーのようにゲームの前半、後半において評価はもちろん違ってきますし、攻撃なのか守備なのかによっても違います。また、サッカーは11人、野球は9人というように、プレーする人数によって役割は変わるため一人ひとりの評価の仕方も変わってきます。できる限り細かく分類し、具体的なパフォーマンスの差を可視化してみてください。

実は、最も「振り返り」を活用すべきなのは、試合や授業、営業の本番の案件ではなく、日々の練習、日々の各自のシミュレーションといった準備段階での評価の部分です。準備に対し、いかに細かく評価できるかが、結果としてプロセスの質の向上につながり、成果に結びつくのだと思います。

たとえば私自身が監督として心がけていたのは、試合に向けた練習に関してコーチ、選手からフィードバックをもらうこと。練習における私のコーチングについて細かく振り返り、練習の改善をはかることによって効果的に指導をするために、これを毎日行います。

さらに、「振り返り」のときに大切なのは、さまざまな視点を加えることです。人はどうしても主観や思いが入ってしまうため、結果に左右されることが多くなります。

だからこそ、たくさんの関係者からフィードバックをもらうという体制づくりが必須になります。

私が見ているチームでは、あえてトレーナーやドクター、マネージャーらにも練習や試合の評価のフィードバックをもらうようにしています。コーチだけだと視点が狭くなり、議論がマンネリ化し、新鮮なアイデアが出なくなるからです。

普段、現場での業務に追われて大変な方も多いと思いますが、振り返りの場を毎日3分でもつくり、とにかく数を増やしてみてください。まとまって長い期間のことを振り返るよりは、こまめにレビューする癖をつけることです。ぜひ、小さな振り返りから始めてみてください。小さな変化が大きな成功や成長を生み出すのです。

３ リーダーとメンバー

仲間を支える「フォロワーシップ」とは

あなたは「フォロワーシップ」という言葉をご存じですか？

「リーダーシップ」という言葉は、世の中にかなり浸透していますね。とはいうものの、ひとつ誤解されがちな点として、いわゆるリーダーの役職に就いている方が行う行為をリーダーシップととらえられるケースがあげられます。

しかし、本当の意味での「リーダーシップ」とは、役職に関係なく、リーダーであろうと、一メンバーであろうと、その組織において表に立ち、引っ張る行為のことを指す言葉であると私は考えています。

リーダーにも「フォロワーシップ」が必要

このことを、学校という組織において考えてみましょう。たとえば職員室のなかで、リーダーシップとは校長先生だけが果たすべき役割ではなく、主幹や主任の先生、さらには新任教師にも求められることです。

そして逆も然りで、フォロワーシップとは、単に部下の先生方が上司や先輩の先生方をサポートする行為とは限りません。上司の立場にある方であっても、組織を支えるために行う行為はすべてフォロワーシップであり、それはむしろリーダーにこそ求められる役割ということもできます。

ビジネスの世界で、つい5年ほど前までは、ほとんどの企業が上司のリーダーシップを高めることに時間やお金を投資してきました。しかし、それだけではなかなか組織が改善しなかったという事実もあります。**そこで最近、注目を集めているのが「フォロワーシップ」という考え方。役職にかかわらず組織の誰もがお互いにメンバーを支え合うという考え方です。**

可視化されにくい「フォロワーシップ」

たとえば、大きなイベントを開催するとします。表のステージに登壇する司会者やプレゼンターが効率よく効果的に活躍するには、裏方の仕事が不可欠です。各方面からイベントにかかわる参加者の招集はもちろん、協賛する企業から行政などの第三者機関にいたるまで、それぞれのステークホルダーとしっかり向き合わなければなりません。

そのためには、事務局といわれる裏方のスタッフがイベント成功というひとつの目標に向かって、さまざまな調整をしていくことが大切になります。事前の準備だけでなく、当日の動線や誘導、接客、情報提供など、表に出ないスタッフのサポートがなければ現場でさまざまな問題や混乱が生じてしまうでしょう。そして当然、イベントが終了した後には片付けや振り返り、多方面へのお礼等の挨拶が待っています。そうしたものが人の手によって行われる場合、すべてフォロワーシップに値します。

これらは表舞台に立つ行為とは違って、ほとんどが可視化されない作業ですが、おそらく表面に見える作業の何倍もの労力が積み重なっているはずです。役割分担と割

り切ってしまえばひと言で済む話ですが、惜しみない裏方の努力が積み重なって初めて表舞台が輝くのです。

フォロワーシップの価値を見直し、評価する傾向

成果主義や機能分担が進む企業において、いま語ったような裏方で汗を流すフォロワーシップが軽視された場合、売り上げや企業パフォーマンスに悪影響を及ぼすことが、最近の分析でわかってきました。

個人に焦点を当てた場合、たとえば「Aさん」というリーダーは事業戦略を打ち立て、迫力あるプレゼンテーションを手がけ、さまざまな案件の決断を的確にくだす、すばらしい能力を持っています。

一方、「Bさん」というリーダーは、Aさんのように事業判断やプレゼンテーションがそれほど得意ではありませんが、部下が進めているプロジェクトをしっかりと見守り、困ったり悩んだりしたときには手を差し伸べるなど、つねに部下たちの成長を見守っている人です。

従来の多くの企業では、Aさんをマネージャーとして高く評価するでしょう。しか

し、われわれはいま一度、Bさんの行っている「支え」というフォロワーシップの価値を見直さなければいけません。

たとえば、Bさんが、日々部下と接し、仕事の進捗や表情を見守っているうちに、彼らがさまざまな悩みを抱えていることに気づき、会社を離れた居酒屋などに誘って悩み相談を受けたとします。そこで「仕事にやりがいをもてず、モチベーションが上がらない」「仕事とプライベートのバランスが保てない」といった、最近よくある部下たちの悩みを聞くことにより、もしかすると退職まで考えていたかもしれない部下を救える可能性があります。

就業時間外に時間とお金を費やしたとしても、それ以前に多額な採用コストをかけて獲得した新人の離職をとどめることができたなら、会社にとってBさんの功績ははかり知れないものがあります。

当然ですが、そのような行為は表には出ません。むしろ当事者同士、あえて隠そうとするものです。実は人が人を支えるという行為は、他者からは見えないときこそ信頼感を高め、人を元気にすることがよくあります。

いま求められるフォロワーシップ

あなたの職場でも、それぞれのチームのなかでの「引っ張る行為」「支える行為」の関係を整理してみることをおすすめします。そして、目に見える成果や数字だけでなく、仲間を裏で支え合うフォロワーシップの重要性を、意識して見直してみてください。

世界的にみると、人材育成の最高峰であるNASAの宇宙飛行士の重要な資質にフォロワーシップが加わりました。その背景として、優れたリーダーシップを発揮するだけでなく、他人に関心をもち、変化に気づき、前向きにサポートできる人材が求められているという動きが強まっているのでしょう。

そして最後に、人が見ていないところで組織を支えている人たちにはきちんとした承認と評価が必要であることも、心しておきたいポイントです。これは、リーダーの大切な役割のひとつです。**報酬はもちろんですが、リーダーによる日々の感謝の言葉やフィードバック、情報共有によるつながりが、支えることに対するフォロワーのモチベーションをより高めてくれるのです。**

言葉を使ってチームビルディング

いま多くの企業において「チームワーク」や「チームビルディング」、もう少し専門的にいうと「チームコヒージョン（＝チームの結束力）」の重要性が認められるようになってきました。

チームビルディングとチームワーク。一見似ていますが、このふたつには大きな違いがあります。チームビルディングはチームの根幹をつくるという意味合いが強く、チームワークはいかにチームを機能させるか、動かすかということを意味しています。

まずしっかりとチームビルディングをしてからチームを機能させるというのが一般的な順番ですが、多くの組織は両者を混同してしまい、チームができていないのにワークさせたり、ただ単にチームをつくっているだけという状況になりがちです。

そこでここでは、まず根幹となるチームビルディングに焦点をあて、学校の現場で生かすための理解を深めていきたいと思います。

ビジョンを〝日々使える言葉〟で言語化

そもそもチームをつくるときに重要なのは、「どういうビジョン・方向性をもっているか」。これは学校にもあてはまることですが、校長先生の場合は、すでに地域性や学校の文化があるところに赴任してくることが多いものです。その場合のチームビルディングというのは、既存の校風や伝統を残しつつも、新たにチームの文化を再生する、再定義することを指します。

その過程で大切なのは、「言葉」です。文化は言葉で伝わっていくもの、未来は言葉がつくるものだからです。まず、ビジョンを言語化していくことの重要性を理解しましょう。

実際に企業の多くが長年そうした取り組みを続け、会社のポリシーや社是を標榜していますが、成功している組織、つまりその理念やポリシーを根づかせたか否かの違いは、〝その言葉を日々使っているかどうか〟によるところが大きいのです。

学校ではよく「清く正しく美しく」といった理念が掲げられているのを見ます。それはそれですばらしいビジョンですが、毎日その言葉を使えるかという点ではどうでしょう。

実は、チームや組織の文化としては、日本語よりもみんなが知っているレベルのカタカナ英語のほうが使いやすく浸透しやすい性質をもっていたりします。たとえば「チャレンジ」という言葉なら、校長先生が毎日「今日もチャレンジしましょう」と語りかけることができるように。

チームを強くした、独自の合言葉

私自身がラグビーU20日本代表チームのヘッドコーチになったときには、選手とスタッフが一緒になって「グラウンド上で練習中に使う言葉」、そして「グラウンド外でラグビー以外のときに使う言葉」を考えてもらいました。このプロセスを選手たちとスタッフに任せたのは、彼ら自身にチームをつくる主体者となってほしいという意図がありました。人は、主体的に動いたときのほうがやる気が増し、おもしろいと感じるものです。

さて、その結果、グラウンド上で使うキャッチワードとなったのは「ジャスティス」という言葉でした。正当性・公平性などと訳せますが、実はその言葉本来の意味はなんでもよかった。われわれがこの言葉を使うときの意味合いを「キツいなかで、もう一回がんばろう」と定義づけたわけです。

たとえば、練習中キツいランニングをしているときにある選手が「ジャスティス！」と言えば、「この厳しい状況でももう一回全員でがんばるんだ」という意思表示になりました。トレーニング中にそれを言えば、重いバーベルを上げる「ワンモアチャレンジ」の合図となりました。

外国人が聞けば「何を言っているんだろう」と唖然としたことでしょう。それが浸透したのは、この言葉をそんな意味で使っているのはおそらく自分たちのチームだけでしかないという共通の認識も、ひとつの要因といえます。他の人が聞いてもわからない言葉を使うというのは、チームにとってはアイデンティティを高め、自分たちの存在意義を高めてくれる大きな意味があります。

われわれは、最初は照れながらも繰り返し交わした「ジャスティス」という言葉によって、試合中の厳しい場面でも全員が再び奮い立ってチャレンジするということを続けました。これがひとつのチームの文化になったのです。

もうひとつ、ラグビー以外の場面で多用した言葉が「オンザベスト」。これには「べストな状況をちゃんと準備しようね」という意味合いが含まれていました。練習をし、食事をした後の毎日の夜のミーティングの最後に、私が「じゃあ明日、〝オンザベスト〟で会いましょう」という言葉で締めくくります。

これは「今から各自よい時間を過ごし、練習を振り返り、明日の準備をして、全員最高の状態で集まろう」という合言葉でした。それぞれにリラックスして夜の時間を過ごした後も、選手たちの間では「オンザベスト」が「おやすみ」「じゃあね」という言葉のかわりに交わされていたといいます。

この言葉を通してわれわれが意識していたのは、グラウンド上だけでがんばるのではなく、練習や試合までのプロセスや準備を大事にし、全員でベストの状態をつくっていこうということ。毎日言葉で交わすことによって、そのビジョンがわれわれの文化として浸透していったのです。

チーム理念を支えるメンバーへの評価

私は、チームをつくっていくとき、試合で活躍した選手よりも、そうしたチームのキーワード、チームのカルチャーを支えてくれた人間を定期的に表彰します。みんなの前での称賛や評価というのは、文化が浸透する最大の場面です。

文化は誰かを叱ったり否定するよりも、誰かを褒めたり評価を与えたりすることによってつくりあげたほうが効果があります。理念に基づく具体的な行動が見られたときは、必ずみんなの前でそれを披露してください。それが些細なことであっても、今はこういうことが組織を支えているのだと示すことになります。

今、あなたご自身で組織の文化をつくりあげたい、変えたいと思っていたら、日々使える言葉を掲げてください。できれば、その言葉をメンバーと一緒に考えてください。そして、掲げたポリシーを実践している人には、ぜひ光をあててください。

チームワークを高める

自分たちの指針が定まり、チームができあがったら、どうやってワークさせるかという次の段階へ。「チームワーク」が次のテーマです。

チームワークとはなにか

私の定義でいうと、チームワークとは、「物理的」「精神的」「機能的」に連動し合うことです。

人が何かを行うときには、当然のことですがそこに物理的に人が介在します。たとえば力仕事であれば複数の人間が力を合わせて重い荷物を動かす。これが物理的なチームワークです。

また、精神的に人と人がつながって、お互いに刺激し合い、勇気づけ合い、励まし合って仕事を進めることもチームワークのひとつです。

そしてもうひとつ、仕事において重要となるのが、機能的なチームワークです。たとえば学校のなかをみても、実際に担任として教室をマネジメントする先生もいれば、主任として学年をまとめる先生もいます。副校長・教頭として保護者や業者との対応に働く先生や、校長のように全体をまとめ、直接子どもたちを指導することでなく、教員の育成に励む先生方もいます。これは、役職において機能的に連動し合っているということです。

機能的にうまくかみ合っていないとき、とくに役割分担ができていないと多くの教職員が同じことをしてしまい、さまざまな業務で無駄が生じてしまいます。

三つの連動をバランスよく

せっかく仕事を機能的にまわしていても、それぞれの間の精神的なつながりが薄ければ助け合いができなくなります。精神的なチームワークは、誰かが困っているときに助けてあげようとか、元気のない人にひとこと声をかけてあげようといった、本業とは別のちょっとした支え合いです。精神的な連動がなければ、単に自分の仕事をやるだけの人が増えてしまいます。

また、単に励まし合って役割を果たすだけではなく、同じ時間、同じ空間で一緒に作業をする、仕事をするという物理的なつながりや連動も重要です。最近の世の中はインターネットの普及により、いつでも誰とでもオンラインで対話ができます。しかし、ある研究によれば、直接会話し、隣にいる仲間の空気感を感じて仕事をすることによって、人のモチベーションは大きく変わるといわれています。

このように、三本の柱すべての連動をバランスよく高めていくのが大切です。実際に多くの企業で、単に機能的なチームワークだけを進化させ、逆に精神的・物理的な連動がなくなった結果、成果を落とした例もあります。

学校のチームワークを高めようとするときには、物理的・精神的・機能的という三つの要素について、何が自分たちにとっての強みで、何が今の課題なのかをぜひ見極めてください。

他者への関心→要望→貢献のステップ

では、具体的にどうすればチームワークを高めていくことができるでしょうか。大事なのは、それぞれがつながっていることについての理解です。

そのための第一ステップは、個々が他のメンバーもしくは組織に対し、関心をもつこと。スポーツ界でも、とくに集団スポーツのラグビーやサッカーにおいて、「チームワークがある組織は、試合中、物理的に首を左右に振る行為が多くみられる」といわれています。つまり仲間を物理的にちゃんと見ているということです。私が直接指導したラグビーU20日本代表チームでも、他者に関心を向けるため、意識だけでなく、実際に首を振る練習までしました。今の時代、そこまでしないといけないほど他者に直接目を向けることがなくなっているのです。

企業においてもほとんどの場合、人はひたすらパソコンに向かって作業することが多くなっています。そうではなく、職場全体を見渡し、他者に関心を寄せる時間をつくることがチームワークにつながっていきます。

次のステップとして大切なのは、要望を出すということ。しかし、いきなり誰かに対して要望を出せばコミュニケーション上のストレスが生じます。お互い関心をもっているなかで要望を言えるというのがポイントです。

たとえば、友だち同士や恋人同士であっても、他者に要望を出せるというコミュニケーションレベルは当然ながら関心レベルより高いものです。要望を出すという行為自体がチームをワークさせる第2ステップと思ってください。チームが本当に動いている組織では、他者に対して、組織のために成果が出るような要望がたくさん出されているものです。

最後に重要なステップは、自分から貢献することです。お互いが要望を出すだけで終わってしまうとストレスが高くなるものですが、要望を出すのと同じ、もしくはそれ以上に一人ひとりが貢献できるようになると、チームがワークし始めます。

貢献というのは、要望されたから受け身的に応えることではなく、自ら犠牲をはらい、自分の意思で組織に還元するという行為です。貢献できる状態にある人間はきちんと自立し、自主的に考えているということになります。

学校現場での応用

学校現場では、まず教職員同士で他者を見る、他者の話を聞くことから始めてください。次に、学校のため、子どもたちのために、勇気をもって要望を出してみてください。そして、与えられた役割をこなすだけではなく、組織のためにできるプラスアルファの貢献を少しずつでも実践してみてください。

「教員同士が互いに無関心だ」という悩みを抱えている校長も多いと思います。その場合は、自分の話より他の先生の話題をみんなの前でするように心がけましょう。同時に、他の先生に喋らせる時間をたくさんつくって関心を促してください。

私自身がU20日本代表チームのヘッドコーチとしてよく行っていたのは、コーチスタッフミーティング。代表チームになると十数人のコーチがいます。そこで必ず私の考えではなく「他のコーチはこういうことをしていた」といった普段は見られない各コーチの話をするようにしたところ、多くのコーチが互いに関心をもち合ってくれるようになりました。この情報提供ができるのは、トップであるリーダーのほかにいないのです。

コーチングの基本

近年、ビジネスの世界において「コーチング」というものが注目されるようになってきました。

「コーチング」の「コーチ（Coach）」はもともと「四輪馬車」を意味する言葉であり、コーチは「馬車」のように乗せた人を目的に向かって導いていく役割を果たすようになりました。まさしくコーチングの基本は、ビジネスでいえば部下やクライアント、スポーツでいえば選手を対象として、その相手をゴールに導くことを目的としています。

相手に寄り添うこと

さて、目標とするゴールへと向かうなかで、コーチングの最も大切なポイントとなるのは、〝相手に寄り添う〟ということです。

これまで育成や指導といった領域では、「教える」いわゆる「ティーチング」が主流で、指導者の持っている知識や経験を一方的に伝えるというものでした。

これに対して「コーチング」は、目の前の相手に寄り添い、ゴールまで一緒に歩んでいくという行為が中心となるものです。

したがってコーチングの分野でコーチが身につけるべきは、知識よりも、〝相手を観察すること〟〝問いかけること〟、そして同時に〝相手の存在を認め、承認すること〟……といったコミュニケーションのスキルです。

人間は誰しも、「人から認められたい」という承認欲求を本能として持っています。その本能に触れることによって、相手のモチベーションを向上させ、成長や自己実現へとつなげることがコーチングの基本です。

たとえば、部下や生徒に「この勉強をしなさい」といった一方的な内容を押しつけるのではなく、まず、「あなたは1年後、どうなっていたいですか?」といった問いかけによって、本人が自ら向かっていきたいと思える目標を設定できるようにサポートしていきます。

あくまでも相手が主体であり、自ら目標を掲げるように導くことこそがコーチングの役割です。

コーチングのスタートは意欲的な目標設定から

私自身、クライアントである企業の社長やスポーツチームのコーチたち、さらにヘッドコーチとして育成にあたる日本代表の選手たちには、必ず1年後の目標を書いてもらうことからコーチングをスタートします。そして、彼らが掲げた目標について、私が心から共感できるまで質問を繰り返します。

目標は、前にも触れましたが、具体的で、成し遂げようとする人がワクワクできるものでなければなりません。私が問いかけることによって、本人が本当に達成したい目標を見出し、興奮し、ワクワクしながら伝えることができたら、私はそれに共感することができますし、結果として効果的にサポートすることができるのです。

なんとなく世の中で「よし」とされている成果をあげること、たとえば「売上を上げる」「〇〇大学や大企業に入る」といった常識的な目標、漠然とした目標には、なかなか共感できないものです。

なぜなら、それは自分の意思というよりは、世の中の一般的な体裁に基づいて導き出した指標に過ぎないからです。それを本人自身の目標に変えていくためには、コーチは相手を観察し、対話のなかで本音に耳を傾け、常に寄り添っているという安心感を与えることが必要になってきます。

寄り添うだけで、人は成長できるのか？

一方、「寄り添うだけで、本当に人は成長できるのか？」という疑問もあがってくるでしょう。

人を育てていくうえでは、アメとムチといったような、ふたつの真逆の行為がバランスよく組み込まれていることが重要です。昔から「かわいい子には旅をさせろ」とか、「獅子はわが子を千尋の谷に落とす」などといったことわざがありますが、まさにコーチングにもあてはまります。単に寄り添うだけではなく、ときには突き放し、相手を孤独にさらすことが必要となるのです。

なぜなら、この変化の多い時代のなかでは、自分で課題を見つけ、それを自ら解決していく力がますます必要になってきているからです。

常に誰かから守られているという安心感のなかでは、本当の逆境を乗り越えていく力を身につけることはできません。

あえて距離を置くタイミングとは

私自身、ラグビーU20日本代表チームのヘッドコーチとして選手を育てていたときも、個々の選手との対話のなかで悩みを聞き出し、常に観察して寄り添うことを意識していました。

が、本当に本人にとって大切な試練がきたときには、あえて突き放すことがありました。

かつて、ある試合の中で、パフォーマンスが悪かった選手がいたのですが、試合の後に自分でそのことを自覚しているがゆえに、その後にがんばっている姿を認めてもらいたいという気持ちがあり、練習していることをアピールしたりすることがあります。そんな時は、私は寄り添うことなく、突き放しました。

一切の言葉をかけることなく、見ているという安心感を与えることなく、こうして自分の力だけで壁を乗り越える環境をつくることが、結果として大事でした。

選手には嫌がられ、一時的に信頼を失うことにもつながり、私自身にとってもつらい行為です。しかし、彼らの成長を思っての行為であり、時間がたった後、彼らも必ずその意味に気づいてくれることになります。

コーチや指導者、教師という立場の方々は、相手に寄り添い距離を縮める意識だけではなく、あえて距離を置き、自立させるための試練を与えることも意識し、試みてください。

いかに助け合うか

学校とは、単に知識やスキル、物事の考え方を子どもたちに教えるだけの場でしょうか。**私は、それだけに終始するのではなく、〝いかに助け合うか〟を考え、その実現に向けて子どもたちを導くことが、学校の本来の機能だと考えています。**

「先生がいて、児童・生徒がいる」イコール「教える人がいて、教わる人がいる」といった関係ではなく、この両者が組織やチームのなかで一体化して学び合う関係こそがあるべき姿だというのが私の持論です。

ここからは、そのような関係を構築していくにあたり重要となってくるテーマ「人を助け、協力し合うとはどういうことか」について考えてみましょう。

支援する立場になったとき、リーダーに必要な心がまえとは

一般的に、「教える」というテーマで考えるとき、われわれは師匠と弟子といったような上下関係を想像してしまいます。

しかし、ここではそういった概念からいったん離れて、教える側も教わる側も、それぞれが互いを対等に考え、学び合い高め合うという「並列な関係」を想定することから始めていきたいと思います。**教わる側が成長するのはもちろん、教える側も教えることによって学び、成長していくという関係です。**

その連鎖が組織、つまり学校でいえば教室全体、校内全体の学力や体力を伸ばすことにつながれば、結果として大きな価値を生み出すでしょう。

そのような関係は当たり前に理想的な姿ですが、実はひとつ気をつけたい罠があるのです。**それは、組織のリーダーが担う役割のなかでも重要なもののひとつに、メンバーを助けるという行為、つまり「支援」があるということ。**学校における教師はもちろん、スポーツチームにおける監督やキャプテン、会社における社長や部長といったリーダーたちも同様の役割をもっています。

この場合、支援する側が地位と権力をもち、支援される側が下手に回ることによって不安と緊張にさらされる傾向があります。それは、支援される側のお願いする、助けを求めるという不利な状況と、支援する側の助けを与えるという有利な状況の差から生まれるものです。このような両者の支援関係は結果的に成功しないことがよくあります。お互いにストレスを抱えることになりやすく、最終的に衝突や決裂といった結果につながることも少なくありません。

このことに気をつけないと、いつまでもその関係は上と下という図式のまま互いに歩み寄る機会を失ってしまうことにもなります。**大切なのは、支援する側が支援され**

る側の本当の課題を見つけるように心を配ることであり、対等の立場で手を差し伸べることなのです。

メンバーへの「支援」とは、彼らの真のメッセージに心を傾けること

多くの依頼を受ける支援者たち＝いわゆる組織のリーダーたちは、支援を求めてくるメンバーたちに対してついつい直線的な解決方法を渡しがちです。まるで日々の雑務をこなすように効率よく裁いていくのです。

けれども、実は悩みをもったメンバーや助けを求めているメンバーの課題は、本人も含め顕在化されていないことが多々あるものです。「企画書の書き方が全然わかりません。どうやればいいか教えてください」と求めてくる部下は、本当は転職や退職を考えているのかもしれません。悩める人たちは、ダイレクトに自分の課題を投げかけることができません。多くの場合は間接的に伝えようとするのです。

そのような場面で、支援する側は、そのメンバーの本当の悩みは何なのか、本当に必要な支えは何なのか、真のメッセージを探り出すために純粋な質問をしなければな

りません。

ここで重要となるのが、本当の答えを引き出せるまでの関係構築ができているか否かです。当然ですが、不安や緊張感を抱いている相手には無駄話もできません。悩める相手が構えることなく他愛もない会話ができるように、普段から関係を築くことが大切です。

相手を緊張させないためにも、時間を気にせず、そして正解を出すことへのプレッシャーを与えることなく、本音を話すことができる状態をつくっていくよう常に心がけてみてください。

そのためには、自ら無駄話や本音を話すことも大切です。「自分に心を開いてくれたのだ」と相手に感じてもらえるように接してみてください。

そのポイントは、支援をする側が偉いと考えるのではなく、悩みを打ち明け、相談してくれていることに対して感謝することです。人というものはなかなか他人に真の悩みをぶつけられないものです。だからこそ、大切な仲間からの相談は喜ぶべききっかけとして受け止めてください。

メンバーたちと本音で語り合うための対話の場と雰囲気づくりの工夫

私自身がラグビーU20日本代表チームのヘッドコーチを務めていたときには、選手たちとの対話の場として、昼食後から午後のミーティングの時間まで、合宿所のロビーで待機することにしました。

メンバーたちにははっきりと「話がしたい人は、その時間帯に来てください」というメッセージを伝え、同時に「気まぐれでコーヒーに誘うから雑談しようね」などと言っていました。実際に、きっちりした個人面談の場とは別な機会に、昼食後のコーヒーを飲みながら話すことによって選手たちの個々の悩みが見えてくることが多々ありました。

次の試合への不安や緊張、けがの懸念、敵ではなく味方のなかにいるライバルに対する嫉妬など、本音の部分でのさまざまな悩みは、雑談のなかから感じ取ったり引き出したりすることができたものです。それによって私もさまざまな角度から考える気づきを得たり、アドバイスをすることができ、互いに成長することができたのだと思います。

先生と生徒が一体化して学び合い、ともに成長していくのと同様に、リーダーとして「支援」を求められるときは、本当の課題やメンバーが抱える真のメッセージを見出し、一緒に問題解決に取り組むことにより組織を成長させる大きなチャンスととらえましょう。それは、相手が学校の児童・生徒であれ、職員であれ、同じことがいえます。ぜひ真の協力関係を築いていってください。

群集の中の孤独

組織のリーダーとして、チームの力を最大限に発揮させるために、何ができるでしょうか。これはリーダーにとって永遠のテーマとも言える問題ですが、第一に大切なのは、その組織を構成する個々のメンバーがモチベーションを高く保ち、やりがいをもってチームに貢献することです。

その前提となるのが、組織においてメンバー一人ひとりの存在が承認されていることです。そうでなければ彼らは安心して力を発揮することはできません。

その存在を承認するのは、チームのリーダーである場合もあれば、メンバー同士である場合もあります。いずれにしても意識したいのは、チームのなかに孤独感をもったメンバーがいない状態をつくるということです。

〝承認されない人〟たちは、とても強い孤独感を感じています。その孤独感がやる気を下げるなど、組織にとってマイナスな行為をすることもあります。さらには組織から去ってしまうという結果を招くことも少なくありません。

そのような孤独感を組織から取り除くために、リーダーは何をしなければいけないか？というテーマで考えていきましょう。

「無人島の孤独」と「群集のなかの孤独」

ポイントとなるのは、その孤独感には二つの種類があるということです。ひとつは「無人島の上で感じる孤独」。そしてもうひとつは、「群集のなかで感じる孤独」です。

前者の「無人島で感じる孤独」は、そもそも自分の周りには誰もいない状態だと本人も自覚しているときに起こります。言い換えれば、もとより頼る人もなく、孤独に対して状況を理解し納得してくれていることになります。

一方で、後者の「群衆のなかの孤独」とは、たくさんの人のなかで、周りのみんなは楽しそうに語らい、互いにかかわり合って一生懸命になんらかの活動をしているのに、自分だけが誰からも相手にされず、声もかけられず、孤独にさらされている状態です。

あなたの職場で、こうした孤独を抱えている方はいらっしゃいませんか？　とくに後者の「群集の中の孤独」を感じている人がいるならば、早急に解決しなければなりません。

気遣いや遠慮——対話の減少から生まれる孤独

では、そもそもどうしてそのような孤独感が生まれるのか考えてみましょう。

近年、ビジネスコーチングの流行により、ほめることがもてはやされ、同時に強く叱ることを悪とする風潮が広がっているようです。そのせいか組織内でも本気で対話をする量が減少しています。

たとえば、少し落ち込んでいるメンバーがいたとしても、他者がとくにアドバイスができないような状況であるとか、ほめるのがむずかしい状況にある場合。

周りの多くのメンバーは手を差し伸べたり、一歩踏み込んだりできないまま、やり過ごすことがありますが、そんなとき落ち込んでいる本人は、いっそうの孤独にさらされることになります。

また、たとえば、あるメンバーが大きな失敗をした場合。周囲の誰もがその失敗を知っているにもかかわらず、「がんばっていた彼を責めるつもりはない」といった気遣いから、あえてそのことに触れることなく放置してしまうことがあります。

このケースでは、ミスをした本人は、誰からもフィードバックを受けることなく、ましてや怒られることもなく、ただ孤独を感じながら時間を過ごすことになります。

人間誰しもすべての仕事がいつもうまくいくわけではありません。だからこそ失敗したときには自然と声をかけ合い、お互いを承認し合うことが大切なのです。

ミスをしたメンバーに対し、「気にしなくていいよ」とか「ドンマイ！！」といったポジティブな言葉はもちろんですが、それだけでなく、ときには「なにやってるんだ」や「いい加減にしろ」といった感情をこめたメッセージが、相手を強く承認することに値することもあるのです。

大切なのは、誰もがメンバーと向き合うこと。うまくいったことだけでなく、うまくいかなかったことについても全員で共有していくことが大きな意味をもちます。

リーダーが心がけるべき対話と承認のプロセス

あなたの職場はいかがですか？

一度あらためて周りを見回してみてください。もしも、孤独を感じているメンバーがいたら、きちんとその相手の名前を呼んで挨拶し、対話を始めましょう。

とくに、リーダーが職場でみんなに向けて「おはよう」と言うのと、一人ひとりのメンバーの名前を呼んで挨拶するのとでは、その相手への承認度合いは大きく異なってきます。

リーダーの方々はぜひ、個々のメンバーの目を見て、彼らの名前を呼んでから仕事を始めましょう。些細なことのようですが、リーダーの心がけとして常に実践できれば、すべてのメンバーがやる気をもって仕事を継続することができる、そんな組織づくりにきっとつながっていくことでしょう。

すべての責任はリーダーにある

たとえどんなにリーダーが優秀であったとしても、一人で仕事を動かすことには限界があります。大切なのは、メンバーを組織に巻き込むことです。

しかし、そのメンバーたちが、指示をされたからいやいや協力しているとか、ただなんとなく仕事をこなしているだけ、といった状態では成果はあがりません。**メンバーの一人ひとりが責任感とやる気をもって取り組んでくれることが望ましいのです。**

では、どうすればメンバーたちが主体的にかかわってくれるのでしょうか？　言い換えれば、どうやってメンバーを自分の組織に巻き込んでいくのか？　リーダーにとってとても重要となるこの課題に、三つのポイントを踏まえてアプローチしていきたいと思います。

メンバーとしての自覚を生む言葉

まず一つめのポイントは、彼らがその組織の〝メンバーである〟ということを、きちんと言葉にして示すことです。

人は組織上、役職に就いていたり、ただ同じ職場にいるからといって、自分がそのメンバーであるということをとくに意識しないものです。けれども反面、メンバーたちは、本当に自分が必要とされているのか、メンバーとして認められているのかということについて、いつも無意識のうちに不安にさらされているのです。

そこで、たとえばこれから1年間といった単位で期間を区切り、メンバーがその期間の選ばれた一員であり、また互いに限られた機会において出会ったメンバー同士であることを、あえて言葉で表してみましょう。「あなたたちは、この1年のために集まったチームなのです。過去を関係なく自分の役割を考えましょう」。つまり仮に去年と同じメンバーであっても、です。なかなか慣れないかもしれませんが、リーダーからメンバーを発表する場をつくるのが理想的です。

「言わなくてもわかっている」というのは、リーダーによくある思い込みです。みんながわかっている、みんなが当たり前と思っているなかでも、一定の期間において「このメンバーでいく」という発表の機会をつくり、一人ひとりの名前をフルネームで呼んでみましょう。

メンバーそれぞれの役割を具体的に示す

二つめのポイントは、組織が掲げる目標に向かって、個々人がどんな役割を担っているか、一人ひとりに具体的に示すことです。役割については、事前にどんなことをやりたいか、どんな役割が向いているかを聞いておくのも一つの手です。目標達成のためにメンバーの一人ひとりが必要であることを、役割というかたちで示すことに意味があります。

学校の教員であれば、当然、教科ごとのレベルアップや学年全体の仕切り、生徒指導や保護者対応といったように役割はたくさん出てきます。校長や副校長・教頭といった学校経営者が、それぞれの教員の強みを生かし、本人たちにとって最もやりがいが出るような役割を与えられれば効果的です。

「リーダーの姿勢」として、最も大切なこと

三つめのポイントは、謙虚にお願いするという姿勢を忘れないことです。リーダーというものはどうしても部下に対して上から指示をくだしがちですが、これまで話し

てきた流れのとおり、現場で手を動かすメンバーたちの力がなければ物事は進みません。だからこそ相手には謙虚に依頼し、謙虚に何ができるかを問いかけ、目標に向かってがんばってもらうことを心がけてください。

実は、多くのリーダーが失敗するポイントはここなのです。立場が上、能力が上のリーダーがそのまま上から目線になってしまえば、ただやらされている人、いやいやついていく人たちが増えていくからです。けっしてへりくだるのではなく、相手に敬意をもち、リスペクトした関係のなかでお願いするとよいでしょう。

そして、そのうえで最も大切なのは、すべての責任はリーダーがとるという姿勢を示すことです。当然、メンバー一人ひとりにも責任はありますが、全体的な責任を常にリーダーがもち、メンバーが仮に失敗を起こしてしまったとしても、リーダーが背負うという姿勢を示してください。それによって、メンバーたちはリーダーと一緒にがんばっているという気持ちが芽生えていくのです。

チームの成長と継続のために定期的なフィードバックを

私がラグビーのチームをつくるときに重視しているのは、選手の選考よりも、スタッフの選考とスタッフへの役割の共有です。試合の結果の責任は、当然ヘッドコーチである私が負うことを前提として、スタッフ一人ひとりに対しては具体的でややハードルの高い役割を提示します。そして試合ごとに、選手ではなくスタッフへのフィードバックを第一とし、必要に応じてスタッフとの個人面談を行います。

その際、スタッフ一人ひとりには「いかに選手たちと連携を図っていくか」と同時に「いかに他のスタッフと連携するか」を強調して問いかけます。スタッフたちは日々、ヘッドコーチの私から「自分の役割はどうか。うまくいっているか」「勝つためにスタッフの連携は十分か」「選手の自主性を引き出せたか」といった質問を投げかけられ、チーム全体が成長していきました。

＊

一度組織が動き出したからといって、それが長く続くものではありません。大切なのは、継続してメンバーたちにがんばってもらうことです。そのためには必ず定期的なフィードバックを心がけてください。何がよくて、どこに課題があるとか、こうするともっとよくなるといったアドバイスをすることによって、メンバーたちはリーダーとつながっていることを実感します。

組織は生き物のようなものです。最初よければすべてよし、ではなく、定期的な対話を繰り返していってください。

4 リーダーの言葉

言葉をつくる、言葉を変える

皆さまは日々、学校経営について考え、理想の組織を目指して努力されていることと思います。多くの方は、現状に満足せず、よりよい方向へと進化や変化を求めているでしょう。組織が変わるには、リーダーが変わることが必須です。そして変化には、二つの要素が重要になります。

その一つは〝言葉〟。もう一つは〝行動〟です。人は、言葉と行動の変化によって他者から「変わったね」と認められるようになります。もちろん、一度だけの発言や一時的に行動を変えただけでは、変化と認識してもらえません。連続する一定期間を経て初めて変化を感じてもらうことができるのです。

ただし、行動だけを変えても、なかなか他者へのメッセージとして伝わりにくいものです。逆に言葉だけ変えても口だけの人になってしまい、信頼性に欠ける印象を与えます。大切なのは、言葉と行動を一致させ、継続して変化し続けることです。

ここでは、そのなかでもとくに言葉の重要性に焦点をあてて考えてみたいと思います。

優れたリーダーは言葉をおろそかにしない

人類が生み出した最大の文明として、言語があります。私たちは言語を使うことのみによって思考する＝「考える」ことができます。混同されがちですが、「感じる」というのは言葉を使わずにできることで、似て非なるもの。まず、「考える」ことと「感じる」ことを区別しておくことも必要です。

たとえば、かつてラジオというものは大型で、家具の一つとして見なされていました。ソニーを創業した井深大氏は、そんな時代に「ポケットに入るラジオをつくれ」というメッセージを技術担当者に伝えたと言います。

それは当時の機械メーカーの常識では実現不可能とされていた発想でしたが、井深氏の信念によって何度も試行錯誤を繰り返しながら、小さな持ち運び用のラジオをつくることに成功しました。もちろん現場の技術者のがんばりなくしては実現しませんでしたが、井深氏が発した最初の言葉が実際に技術革新を起こしたことは事実です。

組織のリーダーは実現したい未来について、そのビジョンを具体的かつシンプルに伝えることが重要です。優れたリーダーは、けっして言葉をおろそかにしません。実現したい未来だけでなく、日々の業務や行動のなかにもメッセージを込めた言葉を発します。

心理学的にいうと、使い古された一般的なフレーズよりも、一般的には使われていない新鮮な言葉、時にはそれを英訳した言葉などが有効だと言われています。また、使い古された言葉であっても、定義を変えて言葉の意味を変えることによって、新鮮さを感じさせることがあります。

重要なポイントは、リーダーのメッセージを込めた言葉が、組織内のメンバーからも発せられるかという点です。リーダーばかりが一方的に雄たけびのように言葉を発しても、実際の業務の担い手であるメンバーが自分ごととしてとらえ、その言葉を使わなければ、意味はありません。

チームを成功に導いたキーワードの例
「プロジェクション」「ゴールクリエイション」

私がU20日本代表チームのヘッドコーチを務めたラグビーチームの組織づくりの例で言えば、ゲームの流れを先読みし、戦略的に余裕をもった攻撃や守備を行うためのキーワードとして「プロジェクション」という言葉を使いました。

ラグビーのゲームのなかで緊張感の高まる場面では、優れた選手でも思考力が低下します。思考力が低下すると直近のまさに目の前のことしか考えられなくなります。そうすると、常に後手後手になってゲームの主導権を握られてしまいます。

そこで、チーム内に「俺たちはプロジェクションで勝つんだ」というメッセージを発しました。当然、ラグビーの試合は体力であったりスキルであったり、戦略によって勝敗は決まりますが、われわれはそのなかでもいかに〝先読み〟するかという要素を重視し、相手を凌駕することができたのです。練習中や試合中に選手たち自身の口から「プロジェクション」という言葉が何度も出ていたことは、そのチームの成功の要因の一つだったと考えています。

また、私は自身で会社を経営し、リーダートレーニングを行っていますが、そこでは「目標設定を大切にしよう」というテーマをもって仕事を進めています。ただし「目標設定」という言葉は、どちらかというと使い古されて新鮮味がありません。そこで、あえて「ゴールクリエイション」という言葉に置き換えて、業務のすべてのチェック項目として導入しました。

すると、プロジェクトや営業はもちろん、日々の打ち合わせや会議においてもメンバー自らが「今日のゴールクリエイションは〇〇である」とか、「ゴールクリエイションはあったのか?」といった言葉が出るようになりました。結果としてメンバー各々のなかで、目標を設定する意識が高まったと言えます。

言葉をつくるだけでなく、浸透させる工夫が必要

言葉をつくって言葉を使うことは、簡単なように見えて、意外に継続することはむずかしいのです。私の工夫として、ラグビーの代表チームを率いたときは常に目標とするスローガンをいたるところに掲げます。たとえば「ビート・ウェールズ」。これ

は大会におけるチームの目標でしたが、ミーティングのスライドには必ず最初に書き、私の言葉だけではなく、選手の視覚に訴えかけました。また、彼らに求めた合宿ごとの振り返りシートや戦術を書いたゲームプランシートといった配付物にも、必ずその言葉を入れました。

また、遠征先のミーティングルームや食堂、トレーナールーム等あちこちに「ビート・ウェールズ」と書かれた紙を貼りました。選手たちからすると、目で見て耳で聞く、かつ私の質問に答えるといった、人間のさまざまな機能を使ってその言葉に触れることになったのです。言葉を浸透させるには、それぐらいの環境を整えることも必要かもしれません。

その際、最もいけないのは、言葉を書いた紙を貼るだけで満足し、誰も使わないということです。

リーダーであるあなたは、ぜひ言葉の大切さを理解してください。そして、オリジナルのワードや意味づけを行って、率先して声に出し、自身の組織に変化を与えてください。

リーダーとしての口ぐせをもつ

あなたは自分の〝口ぐせ〟を持っていますか？

口ぐせには、ふたつのパターンがあります。まずひとつは、無意識的に使っているネガティブな口ぐせ。たとえば、人と対話しているときに、いつも「いやいやいや……」と否定から入ったり、同意してもいないのに「うーん、そうそうそう」と話をごまかしたり。ネガティブな口ぐせのなかにもさまざまなパターンがありますが、そうした口ぐせは、意外と本人も気づかないうちに使っているものです。

実は、それを日々聞いている部下やメンバーは、そのネガティブな口ぐせにだんだんと嫌気がさしてしまい、ついついあなたとの対話を避けるようになってしまうかもしれません。

他人と対話しているときの自分の言葉を客観的に振り返ってみてください。修正したほうがよいネガティブな口ぐせが見つかると思います。

リーダーが発するべき〝ポジティブな口ぐせ〟とは

さて、口ぐせのもうひとつのパターン。それはポジティブな口ぐせです。無意識的に使ってしまうネガティブな口ぐせとは違って、意識的に何度も同じメッセージをメンバーや部下に対し使う口ぐせです。

上司のメッセージというものは、一貫性があり、なおかつ一定の期間、同じメッセージを与え続けなければ部下やメンバーには届かないものです。

けれども、多くのリーダーは、口ぐせをもつということよりも、その場その場に応じた正しいメッセージや、そのときに必要なメッセージを伝えることを優先させてしまいます。

もちろん、時と場合によってはメッセージを変えて伝えることも大事ですが、部下やメンバーの育成を考えた場合には、同じ人からは同じメッセージが発せられるべきなのです。

たとえば、以下は上司と部下の間でよくある会話です。

期のはじめに「失敗してもいいから、思い切っていろんなことにチャレンジしよう！」といったメッセージをリーダーたちが伝えます。ところが、日が経つにつれて締日が近づいてくるなか、予算を達成できていない、目標に届いていないといった状況に陥ると、「失敗は許されない。チャレンジではなく、とにかく確実に仕事をとってこい」とか「仕事を完成させろ」というようなメッセージに変わっていってしまいます。

当然、あなたが組織のリーダーとしての役割を果たし目標を達成するためには、時期に応じて指示を変えなければなりませんが、部下からすると、結局、大きな組織のなかの役職をもったあなたが、あなたの意思ではなく組織の意思に代わって発しているメッセージにしか聞こえなくなるのです。

伝えたいメッセージを絞り込み、浸透させること

多くのリーダーは、たくさんの指示とたくさんのメッセージを発していかなければなりません。これはまぎれもない事実ですが、部下やメンバーにとっては、それがどんなに正しいことであっても、頭に入っていくのはせいぜい三つまでと言ってよいでしょう。

リーダーというものは、「何を言うか」「何を伝えるか」ではなく、「何を我慢し、何を伝えないか」を意識するべきです。その結果として、伝えるべき言葉が絞り込まれ、それを伝え続けることで、口ぐせに変わっていくのです。

口ぐせが浸透すれば、あなたというリーダーだけでなく、メンバーの方からその口ぐせを発するようになるでしょう。そうなった時点であなたのメッセージはその組織の文化として定着し、あなたが思い描く方向に行くでしょう。

私自身が早稲田大学ラグビー部の監督を務めていたときには、選手たちに対して「とにかく監督に頼ることなく、自分で考え、自分で解決しろ」というメッセージを発していました。

どんなに競った試合や劣勢になったゲームにおいても、ハーフタイムでは、指示を出すことなく冷静に問いかけ、選手たちが自分で考えるためのサポートに徹していました。10分間という短い休憩のなかで、選手たちは不安や緊張と闘いながら自分たちの考えを整理し、後半戦に臨んでいきました。

そうして得られた結果を振り返ってみても、練習で問いかけ、ミーティングで問いかけ、試合中に問いかけ、「自ら考えろ」というひとつのメッセージを伝え続けた成果だと思っています。

学校現場のリーダーの口ぐせ

学校現場では、どんな口ぐせが考えられるでしょうか。たとえば「子どもたちの笑顔を一番に考えよう」なのか、「仲間を大切する気持ちを育もう」、あるいは「教員自らが成長すべき」なのか。

対象が子どもたちであったり、子どもたちの間の関係性であったり、または教師自身の問題であったりと、メッセージは人によってさまざまです。**あなたが大切だと思うメッセージを絞って、口ぐせとして発信していきましょう。**

想像してほしいのは、5年後、10年後。メッセージを伝え続けた相手から「あなたからは〝とにかく失敗を恐れずチャレンジしろ〟ということだけを叩き込まれた。感謝しています」と言われるようなシンプルなメッセージをリピートすることが必要なのです。

ぜひ、ポジティブかつシンプル、そして一貫性のあるメッセージを自分のなかで口ぐせとして確立し、伝え続けてください。

3章

ファシリテーター
×
リーダー

中竹竜二

岩瀬直樹

スキルとスタイル

岩瀬　まず「スキルとスタイル」のお話（75頁）がおもしろいなと思いました。

中竹　ありがとうございます。

自分の成長や人の育成については、どうしても「何ができて、何ができない」というスキルベースでとらえがちです。でも私は、それよりも「好き嫌い」や「こだわり」などの「その人らしさ」が大事だと思っています。

好きなことやこだわっていることなら誰でも一所懸命になりますよね。「好き」は人間の原動力なのです。私は、この自分らしさやこだわりをスタイルと名づけ、重視しています。

岩瀬　スタイルは、「強み」とは違うものなのですか？

中竹　「強み」は「弱み」にもなります。わかりやすいのが、ビジネスでよく使われるSWOT分析※です。「一つのことに集中する」と言えば「強み」ですが、「視野が狭くて回りが見えない」と言えば「弱み」になりますね。状況によって、変わってしまうものなのです。

　だから私は「好き嫌い」の方をより重視しています。自分が何にワクワクするのか、何に落ち込むのか――実は自分でもその理由はよくわからないかもしれない。それも含めて、自分らしさ、スタイルなのです。

岩瀬　リーダーになる人は、自分の「好き嫌い」について自覚的になっていることが大事なのですね。

中竹　そうです。往々にして「リーダーは正しいか／正しくないか」とか、「これは世の中にとっていいことなのか／悪いことなのか」という議論がなされますね。でもそうではなく、自分の「好き嫌い」で話す。これはかなりの勇気が必要です。モノサシは自分でしかないのですから。

　もしかすると、自分の「好き嫌い」を話すことで、嫌われるかもしれない。でも、そのリスクを負ってでも自分の「好き嫌い」を共有しないと、その人らしさは見えて

※「強み（Strength）」「弱み（Weakness）」「機会（Oppotunity）」「脅威（Threat）」の４つの軸から評価する。

こないものなのです。
リーダーは、「自分は何者か」について常に考えていることが大事なのです。
岩瀬　それは、変わっていくものでしょうか？　それともずっと変わらずに自分のなかにあるものなのでしょうか？
中竹　基本的にはずっとあるものですけど、もちろん成長に従って自分らしさは変化・進化していきます。このあたりは、岩瀬先生がご著書で書かれていた、「自分は、自分以外の人にはなれない」というお話にも通じるものですね。
岩瀬　若い頃はいろいろな人に憧れるものですから（笑）。講座や研修に行くたびに、「あんなリーダーになりたい」「あんなファシリテーターになりたい」と、話し方や指導法などのスキルをマネしたものですが、結局長く続きません。マネしているだけでは子どもに見透かされてしまうんですよね。
ある学校で研究主任をしていたときです。やはり当時憧れていた人をマネし続けていたのですが、「お前は自分が正しいと思ってモノを言っている。そんなヤツには誰もついてこない！」と他の先生方から猛反発をくらってしまったのです。
中竹　それは……。

リーダーになる人は、
自分の「好き嫌い」について
自覚的になっていることが大事なのですね。

自分の「好き嫌い」を共有しないと、
その人らしさは見えてこないものなのです。

でも言ってもらえたのは、ありがたいことでしたね。

岩瀬　それで気づけましたから。憧れてマネしたいと思っているところと、僕自身の自分らしさの接点はどこなのかに気づくまでに、とても時間がかかってしまいました。

本当に自分がしたいことは何だろうか、自分ができることは何だろうかということを、ちゃんと考えるきっかけとなった出来事です。ですから、私もこの「スタイル」に向き合うというお話は、すごく大事だと実感しています。

中竹　ラグビーでも、私は必ず選手一人ずつに「君はどのプレーが好きなのか。どのプレーにこだわっているのか」を聞きます。

自分が好きなプレーは、自分ががんばれるところです。それをチームで共有すると、お互いに「よさを引き出してやろう」というプレーにつながります。それが積み重なると、プレーが楽しくなってくるのですよ。

岩瀬　好きとかこだわりは、比較じゃないところがいいですね。「得意／不得意」だと比較になってしまうから。

教室でも、「得意／不得意」や「できる／できない」が軸になると、常に比較になって苦しくなります。「何が好きか」は比較にならないので、お互いの「好き」に対して興味も持てるようになります。「なんでこれが好きなの?」と関心が出てきて、ことがらを通じた関係性が築かれていきます。自分と全然違う人たちがここにいる。それがおもしろいと思える。「場」のつくり方が全然違ってきますね。

「教える」を、「学ぶ」に

中竹 岩瀬先生に聞きたかったことがあります。学校は、どうしても「教育」として「正しいことを教えないといけない」という枠(フレーム)があると思います。しかし岩瀬先生は、それをひっくり返しておられるのではないですか?「教える」を根本的に変えて、「学ぶ」にされている理由は何でしょうか?

岩瀬 自分もそうですけど、教えられたら学んだかというと、全然そんなことはありません。本人が「学びたい」と思っているときに、学びは起きるのです。

学校の従来の授業のフレームは、順番に系統立てて教えていく、そして学習者はそれを順番に学びとっていくこととなっています。でも、よくよく眺めたら、そんなことは全然起きていません。

授業は、基本的に前時までのことを全員が理解しているという前提で進みます。でもそれはフィクションで、まだ理解してない子もいれば、とっくに終わってる子もいる。そのなかで「初めて学ぶつもり」で進める、ある意味、演劇みたいなものなのです。

中竹　演劇！　確かにそうです。

岩瀬　お互いがその役割を演じている。でも演じているだけで、本当はそうではない。だったら、その授業をどう学ぶか、どういう順番で学ぶか、どんなスピードで学ぶかといったことを学習者自身が計画したらどうなるだろうかと考えたのです。

そうすると、もちろん最初は戸惑います。でも1ヵ月、2ヵ月経ってくると、「自分で学ぶとはこんな感じなんだ」「自分の学ぶスピードはこれくらいがちょうどいいんだ」「自分は人と話しながら学んだ方がいいんだ」と、自分の学びやすさがわかってくる。そうなると、少しずつ自分で学んでいくようになるのです。

そのなかでは、教師はその環境づくりやフィードバックをする役割です。その役割を続けていると、私も教師ですから、ある日みんなの前で講義したくなって、一斉授業を始めたら、子どもから「先生、そろそろいいですか」なんて言われるようになり

ます。子どもたちは自分で進めたいですから。「すみません、話しすぎました」と（笑）

僕は、学校は、学習者自身に学びのコントローラーを渡さなければならないと思っています。なぜならば、社会に出るというのはそういうことだからです。社会に出たら、順番に降ってくるものをこなすだけではないですから。

これまでの学校は、それが前提でしたけど、それを本来の姿に戻していくのが大事だと、試行錯誤してたどりつきました。

どこまでメンバーに任せるのか

中竹　これもお聞きしたかったのですが、最初にメンバーに、何をどれくらい伝えますか？　何も言わないのか、最初にある程度インプットするのか。

岩瀬　学級ではまず、「この学級はみんなでつくるんだよ。ルールもどんな学級にするのかも、みんなで考えてつくっていく。僕一人でがんばっても絶対いいクラスにはならないから」と話します。

そして、最初にその象徴的なアクティビティとして、「教室のリフォーム」をします。

1年間、毎日自分が「来たいな」と思える居心地のよい、学びやすい教室をつくろうと。でも、居心地のよさ、学びやすさは人によって違うから、そこは話し合いながら折り合いをつけあっていこうと、4時間かけて取り組むプロジェクトです。

最初は子どもたちは「本当にいいの？」となかなか動き出しません。「これ、ここに置いていいですか？」といちいち僕に聞きに来ます。「どこに何を置いていいかは僕にはわからないので、周りの人と話しながら試してみよう。やってみてダメだったら、1年間の間にまた変えていけばいいから。今はこれでやってごらん」と言うと、恐る恐るやり始め、やがて本当に僕が何も言わないと分かると、どんどん大胆になっていきます。

教室のリフォームは、「この1年間、この学級、このコミュニティを自分たちでつくっていくんだ」ということが物理的に目に見える効果があります。学びのコントローラーを自分で持っている実感。これがすごく大きいですね。

中竹　本当に素晴らしい取り組みですね！　いつ考えられたのですか？

岩瀬　僕には子どもが3人いるのですが、2人目のときに1年間、育児休暇を取得して家で育児をしていまして。

そのとき家事がめんどくさくて（笑）。どうにか楽しくできないかと考えた末、「掃除じゃなくて、リフォームにしよう」と思いつきました。やらされるよりも、自分でコミットする方法に変えたら、ぐっと楽しくなったのです。

教室で、以前から一所懸命「みんなでつくるんだよ」と話していたのですが、そう言われたからといってなかなか変わるものではありません。そこで、体を通した小さい成功体験として教室リフォームを試してみたところ、想像以上に効果があったのです。

どうすればみんなが居心地よくなるかについて、みんなでコミットしてつくっていき、また見直していく――そのなかで、少しずつ教師としての僕の存在が消えていって、子どもとともに走っている人のような位置づけになってきました。

中竹　なるほど。では、子どもたちに任せる取り組みをされているなかで、任せすぎて失敗したということはありますか？

岩瀬　ありますね。算数で、「これは10時間の単元です。学習計画表をつくって、自分たちのペースで進めてください」と子どもたちに任せていました。

いっけんすごく順調に見えたのですが、ある日の授業の振り返りのときです。その日の振り返りのテーマは「よい先生とは、悪い先生とは」だったのですが、ある子が、「悪い先生は放っておく先生。困っているのに放っておく先生」と、1頁に「放っておく」と3回も書いていたのです。「これは僕のことだ」と思いました……。

僕は「自分はファシリテーターだから、子どもに任せて場を見ているのが正しい」と思っていたのですが、算数が苦手なその子は「放っておかれている」と受け止めていたのです。「自分はこんなに困っているのに何もしてくれない」と捉えていた。そしてそのことが、僕には全然見えていなかった。

そう書かれたことはすごくショックだったんですが、でも、たまたまその子は書いてくれたけど、きっと同じ思いをしている子が他の場面でもたくさんいるんだろうなと。任せていても、子どもが「困ったら助けてくれる」と思っているか、「放っておかれている」と思っているかで雲泥の差がありますが、僕はそこを一緒くたにして考えていたのです。

それをきっかけに、ティーチングも大事にしていかないと、と考えが変わりました。それまでは割と雑に「場に任せればうまくいく」と思っていたのですが、必要なときにはティーチングしよう、個別の面談を増やそうと、子ども個々に寄り添っていくようになりました。

中竹　そこはむずかしいところですよね。

ラグビーコーチのあり方として、プレゼンターとファシリテーターという二つの立場があります。プレゼンターというのは、ティーチング、教え込むコーチです。そしてファシリテーターも、ラーニング・ファシリテーターと、エクストリーム・ファシリテーターの二つの立場に整理しています。

ラーニング・ファシリテーターは、選手が自ら学ぶことを支援する立場です。一方エクストリーム・ファシリテーターは、ただ任せているだけという立場です。

私たちは、エクストリーム・ファシリテーターはプレゼンターくらいよくないと捉えています。大事なのは、ちゃんとしたフレームのなかでファシリテートしていくことなのですね。各コーチのコーチングを見るときも、選手に練習を任せていて、それが本来の練習の目的から脱線しても止めないコーチは減点となります。でも実は、ここが本当にむずかしいところなのです。

岩瀬　何を学べば、そのラーニング・ファシリテーターに変化していけるんですか？

中竹　エクストリーム・ファシリテーターは、ゴールを持っていないケースがありますね。そもそもこの練習や授業で何を得たいのかというゴールがないまま、「自分はファシリテーターだから、任せるんだ」と決めている人は、練習が脱線しても戻ってこれません。

岩瀬　なるほど。結局ファシリテーターである自分の方に関心があるんですね、「任せきっているファシリテーターである私が心地いい」と。

中竹　だからそういう人は、選手を観察しません。選手が考えているのか迷っているのかは、見ていないと気づけないのに。

岩瀬　「任せる」のは手段の一つなのに、目的化してしまっているときがあるんですよね。「教えてはいけない」と思っている人も、少なからずいますから。

ゴールがあったうえでのファシリテーション

岩瀬　その意味では、スキルのバックボーンも大事ですよね？

中竹　大事です。

岩瀬　それがないと、ファシリテーションするときにも、的確な介入やフィードバックができないですからね。

中竹 それでいうと、岩瀬先生はご著書でも非常に細かく丁寧にそのファシリテーションスキルのバックボーンまで書かれていますね。

岩瀬 以前、学級経営の本をクラスの子どもと出版したのですが、それを読んだ読者の先生から、「いいクラスなのはわかった。子どもが育っているのもわかった。でも、どうすればいいかわからない」という声をいただいて悩みました。

「要は教室をリフォームすればいいのか」と、手法だけになってしまうんですね。ですので、僕がどういうゴールを持っていて、そこに向かって具体的に何をしているのかを言語化しなければいけないな、と。そうでないと、再現性がなく、広がりませんから。

中竹 岩瀬先生のご著書は本当に丁寧に書かれていますから、これから先生になる人は、みなさん読んだ方がいいなと思いました。知っていると知らないとでは、スタートがまるで変わります。

岩瀬 ただやはりむずかしいのは、手法として「これさえやればいい」と受け取る人たちも少なからず生まれていまして。「このやり方がダメだったからこっち」「その次

ファシリテーターとは
その場にいるメンバーと、
その場が持っている力を最大限に
引き出す役だと思っています。

はこっち」と方法を変えていくのです。

結果、いつの間にか「何をするか」だけが目的化して、「何のためにするか」「その結果どうなるか」ということがすっぽり抜けてしまう。やり方だけに注目して、子どもを見ない教員になってしまいます。「ここでどうかかわることが、その子の成長につながるのか」に注目できなくなる。ここは「ファシリテーション」という言葉のマジックです。

中竹　ファシリテーターとはどうあるものとお考えですか？

岩瀬　僕は、ファシリテーターとはその場にいるメンバーと、その場が持っている力を最大限に引き出す役だと思っています。だから、場面によってかかわり方は変わるし、教える場面も必要だし、任せる場面も必要だし、介入する場面も必要で、それこそ縦横無尽に動ける人であるべきだと思います。

「協同で探究している人」という立ち位置が、僕にとっては最も大きいと思います。もちろん、僕のなかにその授業、その学級、その学校のゴールイメージはありますけど、でもこれはメンバー次第で書き換えられる可能性がありますから。

そのためにも、僕自身が楽しみながら学び成長し続けていたいです。その姿こそが、学習者にはモデルになると考えています。僕が「何を言っているか」よりも、「何をしているか」を子どもたちはよく見ています。

自分が学び、修正し、変わっているかどうか、振り返りができているかどうかが、ファシリテーターにとっては最も重要なことだと思います。でも、これを続けるのが恐らく最もむずかしいことなんですけれども。

中竹　でも岩瀬先生は、ご自身で学び続けておられますよね。

岩瀬　そうですね。好きなんですね。学んで変わっていく自分が一番楽しい。一番ワクワクします。これは僕の、この仕事をするうえでの強みかもしれません。

すぐ試す

中竹　岩瀬先生は、学んでそれをすぐに試されるそうですね。これも、他の人はあまりしないことかもしれません。

岩瀬　学校は、計画にすごく時間をかけます。もちろん計画も大事です。ゴールが決まればよい計画を立てて準備しないと、よい実践は生まれにくいです。でも、いくら準備をしようとも、事前にわからないことはやはりたくさんありますよね。生きている、それぞれ意思のある人を対象にすることなのですから。

僕は、まず早めに試してみます。そこで起きたこと、よかったこと、うまくいかなかったことを整理し、改善して次の計画を立てていくということを大事にしています。細かく計画を立てるのが苦手という性格もあるのですが。

学校はとにかく計画にすごく時間をかけます。でも、教師それぞれのこだわりがあって合意できないところもある。そうすると、その計画が実行されても、みんなが適当に自分の解釈で骨抜きにして実践するので、結局結果が出ないということが、往々にしてあります。まず、ゴールさえ共有すれば、それに向かってそれぞれ実践してみる。その成果を持ち寄って、よかったものを残していくというアプローチが大事なのではと、僕は考えています。

中竹　試すことが好きなのは、実は失敗を失敗だと思っていないということですね。次に変化するきっかけとして捉えている。

岩瀬　そうですね。まあ、痛い失敗のときもあるんですけど（笑）。とにかく動かしてみます。学校はその「とにかく動かしてみる」がすごく苦手なんですが、ゴールさえぶれなければ、「どんなアプローチでもよいので各自でやってみる」という方が、持ち寄った成果にお互い関心が持てます。「こうしてください」と言われるよりも、ずっとモチベーションが上がり、当事者性が生まれます。そういうリーダーが増えてくると、まだまだ教師の持つポテンシャルが引き出されてくると思います。

全体を見ながら個を見る

岩瀬　その点、中竹さんはかっちりと準備されるのですよね？

中竹　かなり準備はしますが、全部準備してしまうとその場での即興の力がなくなってしまいますからね。ある程度の流れをつくった後は、自分がいかにフレッシュな状態でファシリテートできるかに専念するので、細かくはやりませんね。

逆に岩瀬先生はいかがですか？

岩瀬　教員は、たとえば研究授業の際に指導案を書くと、どうしてもそれにとらわれてしまいます。そこでは、その集団を「塊」として見てしまう習性があります。全体の学びの進み具合にとらわれて、個が見えにくくなる。たとえば授業で1人の意見がこのクラス全体を代表しているような進め方をしてしまいがちです。それは、自分が立てた流れどおりに授業が進んでいくための意見を拾い、授業をつくっていこうとしてしまうからです。

そうではなく、個々の子どもがそのときその場でどんな状態にあるのか、力や心はどんな状態にあるのかを教師が意識できると、計画の枠にとらわれずに、授業に即興性が生まれます。

そういう意味では、スポーツは個人の成長を丹念に見ていきますよね。

中竹　本来はそうなんですが、実は学校現場とまったく同じことが起こってますね。いい練習――「練習を回す」と言うのですが――そのためにはやはりいい準備をしなければなりません。でも、「練習を回す」なかでは、全体しか見ない。「ここであれをして、次にこれをして」と回すことに一所懸命になり、選手の成長を見ていないというケースがあります。

岩瀬　コーチが選手を見るのもスキルですか？

中竹　スキルでしょうね。最初は回すことで精いっぱいですが、慣れてくると、個々を見ることができるようになる。世界のいいコーチは、全体の練習を回しながら、個々の選手ごとにできていなかったところを具体的に指導しますね。エディー・ジョーンズは、その回す力と観察力が天才的でした。

岩瀬　個人を見る経験をたくさん積まないといけませんよね。授業なら、1日が終わった後に、その子が何を学び、どう成長し、どこで困ったかを言えるかどうか、というのが大きいです。

中竹　そのとおりですね。私も1日の終わりに、個々の選手について共有します。そのときは、ヘッドコーチとアシスタントコーチだけでなく、フィジオと呼ばれるトレーナーやドクター、マネージャー、通訳などすべてのスタッフに参加してもらいます。

いろんなスタッフも交えて、一人の人間をしっかり見ることが大事なのです。コーチに対してでも、ヘッドコーチとアシスタントコーチとでは、選手は見せる顔が違うかもしれません。またフィジオやドクターに対しては、選手は裸なので本音が出やすいのですね。その本音がたいへん貴重なのです。

だから私はスタッフでチームを組むときに、ドクターやフィジオに対して、「あなたたちの仕事は、治療するだけではなく、いかにチームのためにいいフィードバックをしてくれるかです」と伝えます。

岩瀬　なるほど！　個人を多角的に見ることができるのですね。

中竹　これも、そもそも私一人では選手を見ることができないという前提があるのです。だからみんなで見ようと。しかもみんなで見るおかげで、私には見せない選手の本音までわかるのですから。時間はかかりますが、その方が間違いなくいい。

岩瀬　すごく大事ですね。コーチや先生にとって、「自分で何とかしてやろう」というアプローチを続けるのではなく、「自分でやれることはここまでだから、あとは人の力を上手に借りていく」と思えるかどうかは、大事な分かれ目かもしれません。

その意味では、教室は先生と子どもの関係性だけだから、今のお話と比べると不幸かもしれません。子どもが先生に見せる姿は、もしかしたらたった一面に過ぎないのかもしれない。もっと多様な大人がそこにかかわって、多様な姿を出せるようになる

そもそも私一人では選手を見ることができないという前提があるのです。だからみんなで見ようと。

と、また全然違ってくるでしょうね。

そういえば「いい校長」を思い出してみると、養護教諭や音楽の専科教員などからいろんな情報を得ていましたね。子どものことも教員のことも、いろんな人から聞いて全体像を描いている人は、やはりいいリーダーになっていくということですね。

しっかり全体の準備を整えて、個々の先生には「こうしなさい」と言うだけの校長だと、教員はついていけなかったりするものです。

中竹 最初はそれでもいいですけど、ずっとそのままだとみんな疲弊しますからね。

岩瀬 「この校長は、本当に自分のことをよく見てくれてるな。知ってくれてるな」と思えると、教員は変わりますからね。そこは大きいな。

学校劇場

中竹 子どもたちに夢を語らせようというブームがありますが、私は違和感がありまして……。子どもが夢を語っていると、大人はそれを聞いて安心し、子どもはその大人の態度を見て安心している、という気がしています。大人の評価を気にしているというか。岩瀬先生はどう感じておられますか？

岩瀬　子どもはそんな先のことは考えていませんよね。子どもにとっては、毎日充実して楽しいと思えることが重要なので、「今、ここで自分がどうしたいか」「今、ベストを尽くせることは何で、そのためにどうすればいいか」ということをちゃんと言葉にして振り返ってみるということを、大事にしています。

中竹　おっしゃるとおり、夢よりも、目の前のことをがんばった方がいいですよね。

岩瀬　学校や学級は一つの小さな社会です。それなら「今、この社会をどうすればみんなが居心地よく過ごせるか」にかかわるのは、子どもにとって手の届く範囲のことなのです。今いる場所を、自分にも相手にも居心地よくしたり、自分と違うあの人とどんな関係をつくっていくかという原体験は、大人になっていきてくることだと思うので、子どものときはそんな体を通した体験をたくさん積むことが大事です。

でも、先生って言語化してほしいんですよね。言葉で聞くと安心するから。

中竹　それは大人の自己満足ですよね。

岩瀬　二分の一成人式などでも、「親への感謝を言葉にしましょう」としています。言葉にされると安心するから。でも、学校が暗黙で持っている、「こんなときはこう言ってほしい」という子ども像があるじゃないですか。

中竹　子どもは何となくそれに応えますよね。

岩瀬　そうですよ。子どもは敏感に感じますからね。

中竹　先ほどの「演劇をしている」という話ですね。

岩瀬　そうなんです。元気で、みんなと仲良くできて、という表向きのストーリーに、学校は子どもを乗せようとしてしまうんですよね。学校は、日本の大人のほとんど全員が体験しています。それも1万時間くらい授業を受けている。ですから身体感覚として、「授業とは聞くもの。先生に問われるまで黙っているもの。問われた範囲内で答えるもの」という疑い得ない前提が、できてしまいがちです。

　だから、みんなで壮大な演劇に乗っている。参観に来た保護者も、そのように授業が進んでいると「授業が成立しているのね」と安心してしまう。でも、実はそこで何が起こっているかということに、あまり意識を向けていません。もう一度、学ぶとは、成長するとは何かから考えて、では授業はどうあるべきかということから組み立て直すことが、今、大事になってくると思います。学びを一人ひとりに戻していく。その人にとって、今この場がどうあるといいのか、から考え直したいですね。

体を通さないとわからない

中竹　岩瀬先生は「作家になる」という取り組みをされていますね。これも「子どもに学びを戻す」という発想のものですか？

岩瀬　そうです。「ライティング・ワークショップ」という学び方です。あなたは作家で、作品を残します、読んでほしい読者は誰ですか？と始めていきます。

中竹　子どもは「あなたは作家です」なんて言われたら、ワクワクするでしょう。

岩瀬　僕も実践してみて驚いたんですけど、嘘みたいに書き始めます。作文の時間って、子どもにとっては普通はけっこうつらいじゃないですか。しかも、書いてほしいことが暗黙のうちに決められている。「この遠足はとってもつまらなかったです」なんて、子どもは書きませんよね。本当はどんなにつまらなかったとしても。評価されると思えば、基本的に書き手は制限を加えます。

でも、作家の作品を読むのは先生ではなくて読者ですから、先生の「評価」という視点からはずれます。「じゃ、私は何を書きたいだろう？」「何が伝わると嬉しいだろう？」と、自分事になるのですね。

最初は恐る恐るだった子どもも、いざ始まると、家でも続きを書いたり、「これなら読者に喜んでもらえるかな」と何度も修正したりします。そんな子どもの姿を見ると、「人にはそもそも学びたい力がある。やりたい力がある。それなのに僕はその学びたい力を『いかに出させないようにするか』とがんばってきてしまっていたんだな」と感じます。

教師が少しマインドを変えれば、どの教室も変わる可能性があります。学習者には力があって、「やってみたい」「成長したい」という欲求があるということを、教師が腹の底から信じることができれば、ぐっと学校は変わっていけると思います。

でも、頭で分かることと、腹で分かることにはずいぶん差があります。みんな「子どもには力がある」と言葉では言いますが、腹落ちしていないから、言葉だけになってしまう。授業で先生がすべてを教えなくても、子どもたち同士で学び合うことができるというシーンを目の当たりにし、そして成果が出ているとわかると、腹落ちして初めてマインドが変わってきます。大人も子どもも、言葉では人は変わりません。いかに体を通して体験する場面をつくるかが大事であり、そこがむずかしいところです。

学校は、この「体を通す」というところが欠けているのが、弱みだなと思います。その意味では、スポーツはまさに体を通すものだから、自分の変化を自分で体験しやすいのではないですか？

中竹 そうですね。それにスキルは目に見えますからね。

私たちコーチは、スキルには知識→意識→無意識の段階があるとよく言います。まずはちゃんと知識を持っているかをチェックして、持っていれば次は意識の段階。練習で意識的にできているかです。

ただ、多くのコーチは練習で意識的にできていたら、そこで満足してしまいます。そして試合でできないと、「プレッシャーに弱いな」となる。そうではなく、そのスキルを試合で使えるようにするのがコーチの仕事なのです。そのためには、練習のなかで無意識でできるようにならなければなりません。

まずそのスキルの向上とは違う練習のなかで、無意識だとそのスキルを失敗するということを体験させ、気づかせます。そして無意識の状態、より試合に近い状況でもできるようになるまで練習をします。

岩瀬 確かに練習でできるようになったら、満足しちゃいますね。

中竹　今、アクティブ・ラーニングなどと言われていますけど、これも無意識でできるようにならなければ、あまり有効ではないのではないですか。

岩瀬　それこそ「意識しているからできている」の繰り返しになる可能性がありますね。その場では意識していればできていても、ほかの学習場面ではどうかということを、考えておかないと。

中竹　そこでは失敗するのがいい経験です。できると思っていたのに失敗したときの悔しさや不甲斐なさを感じないと、次に本気でやらないので。

徹底的な「振り返り」

岩瀬　もし選手が失敗したら、どうアプローチしていますか？

中竹　選手によって違いますが、「今のはどうだった？」と聞いて、自分で気づいてもらいます。できていないのに「できていました」と言う選手にはビデオを見せることもありますが、根本的には自分で考えてもらいます。練習で意識しているとできるのに、試合で無意識でできないのはなぜか。プレッシャーがかかると手が出ないのか、足が出ないのか、メンタルが弱くなっているのか――人によって全く違うので、そこは自分で考えさせます。

岩瀬　徹底的に振り返りをするんですね。

中竹　そうです。岩瀬先生も、子どもに毎日振り返りをさせていらっしゃいますね。私も選手に毎日やらせます。1日の終わりどころか、練習ごとにするので、練習が3回あると、3回振り返りがあるのです。

振り返りのフレームは、「Good／Bad／Next」（本書52頁）です。よかったことは何かを最初に振り返り、次にできなかったことを振り返り、最後にそれをふまえて次にどうするかをノートに書く。「振り返らないと落ち着かない」くらいまで意識づけたいと思います。

岩瀬　クセになってほしいですね。

他方で振り返りは、独りよがりになりがちなところがありますよね。一人では気づけないGoodやBadがあるかもしれません。そういうところはどんな工夫をされていますか？

中竹　共有させます。まず、練習前のミーティングで、練習のメニューとゴールを示します。そして、選手にこの練習での自分のゴールと、この練習で何をがんばるかを書かせ、回りの選手と共有させます。そして練習後にまた振り返りを書かせて共有させる。すると独りよがりのことを書いていると、「これは全然ダメだっただろ」とフィードバックが生じるのです。

岩瀬　他者からのフィードバックは大事ですよね。続けていくと振り返りの精度は上がりましたか？

中竹　上がるのですが、同時にマンネリ化しますね。そのときはフレーミング（枠組み）を変えます。フレーミングは無限大にありますから。たとえば試合当日の振り返りでは、疲れているので感想のみを書かせたりします。「いい・悪い」ではなくて、感情だけをあえて書かせる。視点が変わると、新鮮に振り返ることができます。

岩瀬　学校でも振り返りが当たり前になるといいんですが、学校でありがちなのは反省文にさせてしまうケース。

中竹　悪いところから書かせてしまう。私がどうして「Good／Bad／Next」と「Good」から書かせるかというと、たとえ負けた試合でも、いいところを探す努力をしないと、その目が養われないからです。

岩瀬　コーチの育成にも、振り返りは重要ですか？

中竹　振り返りがコーチの育成の半分を占めるくらい大事です。ゴールを立てて準備をして振り返る。これをひたすら回します。

岩瀬　教育では、「教員の専門性ってなんだろう？」という議論があります。よく言われるのは、経験から何を学ぶか。専門性を高めるために、自分の経験をどのように振り返り、学び取って自分の力にしていくか、です。

でもこのときに、自分のなかだけでぐるぐる回すのではなくて、他者の視点や違う世界の視点を取り入れながら、自分の振り返り自体を疑いつつ、どのように経験から学ぶかが重要と言われているところですね。

中竹　振り返り（=リフレクション）には、ダイレクト・リフレクションとクリティカル・リフレクションの二つがあります。前者は「何がよくて何が悪かったか」という、そのままの意味の振り返りですが、後者は岩瀬先生がおっしゃったように、「本当にこの振り返りでよいのか」という意味での振り返りです。ここが実は大事で、振り返った視点が正しいのか、独りよがりになっていないか、精度をどう高めるかという議論は、最近始まったところですね。

岩瀬　そこは大きいですよね。「行為の振り返り」と「意味の振り返り」があって、「行為の振り返り」は、たとえば子どもたちがあまり掃除をしなかったことについて、「自分のこういうところがダメだったな。じゃあ、明日はこんな指示をしようか」というものです。

他方「意味の振り返り」は、「そもそもどうして子どもたちはあんなに掃除をしなかったんだろうか？」、また「学校の清掃活動は、何のためにあるのか？」と、そもそもの意味や価値を問うことです。学校はこの「意味の振り返り」が苦手で、行為だけをぐるぐる回して、実は泥沼にはまり込んでいる。振り返りが、自分の狭い価値観をどんどん深掘りしてしまうということが起きてしまいます。

中竹　意義を忘れて、マニュアル化してしまっているのですね。

岩瀬　そうなんです。「そもそも」を問うということは、専門性を高めるためにすごく大事ですけど、自分だけではなかなかむずかしい。「そもそも」を問うには、他者に聞いたり違う分野に出向いてみるというのが大事だと思います。

「そもそも」を問う

中竹　子どもたちに、「そもそも」を問う場面はありますか?

岩瀬　多いですね。行為の振り返りになると、どうしても「自分」とか「学校」という文化のなかで考えてしまいがちです。要は「反省」させることになってしまう。
　ですから僕は、「自分にとっての、今していることの意味や価値」を考えることを大事にしています。自分の価値観や好きなことを自分で言葉にしてみる。たとえば授業のあとに「この45分間で、どんなことが起きていたのか」と事実から聞くことが多いです。それを言葉にする。

中竹　事実を確認するんですね。おもしろい。

岩瀬　「あの場面はすごくおもしろかった」「あのときはイライラした」という事実があって、「なぜあのときはおもしろかったのか」「イライラしたのか」と、自分でその意味づけをします。そして、「では、自分にとって意味があること、価値があることは何で、次に生かしたいことは何か」と考える――高学年になると、こんな振り返りが増えてきますね。

事実だけを確認することで、「あのときはああすればよかった」という反省にならずに、クールダウンして客観的に自分の行為を眺めたうえで、考えることができます。

逆に、荒れてしまったり、失敗してしまった場だとしたら、まず感情を吐き出して、「なぜそうなったのか」と逆向きに分析する。教師を介してではなく、子どもが自分たちで起きたことを眺めてみる。僕の価値観の介入をできるだけ減らすように意識しています。

リーダー自身の振り返り

中竹　私自身も、振り返りをしています。「Good／Bad／Next」等のフレームを用いた振り返りとともに、その振り返りはよかったのかという振り返りですね。

また、自分を携帯電話で録画して、確認します。話すテンポが早過ぎるとか、相手に伝わっていないとか、丁寧に話すのがめんどくさくてはしょったなというのが、よくわかります。お酒の席で直接フィードバックをいただくこともあります（笑）

岩瀬　僕は自分の振り返りを書いているので、それについて教員仲間やファシリテーター仲間などからフィードバックをもらうことが多いです。それによって、自分の振り返りを振り返ります。なかには「すごく自慢げな振り返りに読めた」とか（笑）

中竹　グサッときますね（笑）

岩瀬　他者からフィードバックをもらうことで、「評価されたいために振り返りを書いているな」「自分のいいところだけにフォーカスしすぎているな」「学習者のことが全く出てこないな」などなど、自分の振り返りをもう一度見ることができるのが、かなり大きいです。

ほかには、学校以外の学びの場に出て、いかに学校という世界が特殊なのかと痛感するのも、僕にとって大きいです。「外から見ると、学校はそんなふうに見えるのか」「特殊なことをしているんだな」と違う視点から見る機会を増やしています。

もう一つは、年をとると、ある程度のことは手慣れてできるようになるんですよね。それが悪いわけではないのですが、いい意味での一所懸命さや誠実さが無くなったのではと思う瞬間がときどきあって。

中竹　わかります。それは私も反省しますね。スキルが身についてしまうと、どうしても。

岩瀬　もしかすると、何年か前の僕の方がいい先生だったんじゃないかと思うときもよくあります。そのことに一番気づかされるのは、子どもの振り返りで「先生、言ってることとやっていることが違うよね」と書かれるときです。「みんなで考えて、みんなでつくるものだ」と言っておきながら、「そっちじゃないよ」というオーラを出していたよね、とか。

オープンにする

中竹　子どもに振り返りでそう言ってもらえること自体に、価値がありますよね。これは私もよく聞かれることなのですが、子どもがそう言ってくれる関係性や雰囲気は、どのようにつくられているんですか？

岩瀬　実は僕も「オーラのないカリスマ」と言われた時代がありまして（笑）

中竹　本当に同じですね（笑）

岩瀬　そうなんです。講座や研修に呼んでいただいても、多くの人に「本当にオーラがないですね」と言われて。このオーラの無さは教室でも同じで、でもそういう意味ではやりやすいのです。僕は実は習字がダメですし、泳げないんですよ。これは本当に教員としては致命的。

だからそこは子どもに正直に「僕は泳げないので」と伝えます。そうすると子どもは、「あ、この人にもできることとできないことがあるんだ」と受け止める。それが僕への言いやすさにつながっているかもしれませんね。自分のできていないところは隠さない、ということを意識しています。

中竹　そのスタンスは私と似ていますね。でも、できないことをさらけ出すことに勇気が持てない人もいますよね。

岩瀬　自分で全部を何とかしようとすると、さらけ出せなくなりますね。学校で、教師がその場を自分でコントロールしないとと思うと、弱みを見せられません。「先生という立場として、責任も権限もあるけど、でもこの場を一人でつくるのは無理だから、みんなでつくろう」「自分にはここまでできるけど、これは無理だから」などとさらけ出した方が、たいていの場合うまくいきます。

何とかコントロールしようと思うと、自分が持つ情報を制限して出すようになるので、子どもは教師を疑い始めます。「次はどうしてほしいんだろう」「次に何を言おうとしているんだろう」と、常に教師を探るコミュニケーションになる。そうではなく、「この先生は、自分が考えていることを全部出している。だから自分たちも全部出せる」と子どもが気づけると、「対話」ができる関係性が築かれていきます。でも今は、後出しで情報を出すのが力の使い方だと思っている先生も多いです。

中竹 そこでコントロールしようと思ってるんですね。

岩瀬 多くの学校の研究授業では、指導案づくりに莫大な時間と労力をかけます。僕は、ざっくりしたプランを子どもたちに配って、「今度の研究授業ではこうしようと思うんだけど、どうかな」と意見をもらうこともあります。「いや、ここで5分も説明はいらないでしょう」「ここは他の人の考えを知りたいから、時間をもっと長くとってほしい」などという意見をもらって、それをもとに指導案を修正します。

これも、学級という小さい社会は、大人になってから出て行く社会の実験場なので、そこで全員がかかわって社会をつくりあげていくという体験をしてほしいためなのです。自分たちで場をよくしていくこと、自分が成長しやすい場にしていくことを体験してもらうために、情報をオープンにし続けていくことをすごく大事にしています。

またオープンにするという意味では、評価でも評価基準を先に配ることもあります。

中竹　いいですね。イギリスにいたとき、アカウンタビリティという言葉に出合いました。その後日本でも広がりましたが、日本では「説明責任」と訳され、何か起きた後で説明することについての責任という捉えられ方ですが、もともとの意味は「われわれはこうします」と宣言することらしいのです。今のお話をうかがって、まさに本質的なアカウンタビリティをされているということがわかりました。

岩瀬　何をやるかが事前にわかっているので、お互いに振り返りもしやすいですしね。

中竹　私もそのことは意識していて、選手に、「コーチングとはこういう考え方で、こうするんだ」と全部伝えるのです。普通はコーチが隠し持っていて、いろいろ使い分けをするものなので、コーチにしてみればすごいプレッシャーです（笑）

でもこれは、アカウンタビリティという意味で、私たちコーチ側の責任でもあります。また、コーチングの共通言語をオープンにすることで、選手も「自分たちは教わるだけでなく、教え合わないといけない」と、学び合おうという姿勢になります。選手のリーダーもコーチングスキルを使うようになります。

子どもがファシリテーターになる

岩瀬　今の、コーチングスキルを選手に開示し、選手のリーダーがそれを使い始めるというお話、「そうだな」と思いながら聞いていたんですが、子どもみんながファシリテーターになればいいんです。

僕もファシリテーションを勉強し始めたときに、「いかに先生がファシリテーターになるか」ということに意識が向いていたんですけど、どうやら違うと気づきまして。僕がみんなの力を引き出そうとがんばっても、それはみんなに教え込もうとするのと同じで限界があります。だから、子どもがお互いでお互いの力を引き出せるようになるのが一番いい。

たとえばクラスで喧嘩が起きたとき、僕が駆けつけてファシリテーターとしてお互いの話を聞いて解決するということもあるでしょうけど、喧嘩が3ヵ所で起きたら無理です。だから、子どもたちに、みんなそれぞれがファシリテーターになって、スキルを使えるようになろうと伝えます。練習を積み重ねると、僕がいなくても子どもたちで何とかやっていけるようになります。

あるときカリスマを目指すのをやめてから、卒業生が連絡してこなくなったんですよ。いい意味で僕の存在が消えていられるようになったのかなと。「確かに先生がいてくれてよかったけど、でも場をつくったのは自分たちだから」と子どもたちは思っているんだと思います。

中竹 それは大事ですね。多くのリーダーは、「あなたのおかげで、こんなふうになれました」と言われたいと思っているでしょうけど、私は間違いではないかと思います。ベストは「こいつに教わったことなんて、何もない」と思われるくらい（笑）。そのまま自分の力でがんばっていってくれるのが、一番ではないでしょうか。

ゴールをどう立てるか

岩瀬 チームのゴールをどう立てるか……。正直、迷っているんです。日本では、学級は「こんな学級にしよう」とゴール（学級目標）を掲げ、「みんなで一致団結していい学級を目指すんだ」というモチベーションを駆り立てるなかでつくってきました。

私も若い頃はそうしていました。でも、そうすると凝集性が高まるのです。団結力が高くお互いが協力し合うのはいいのですが、でも1年後にはゴールが来てしまう。そこでまた振り出しに戻るのです。凝集性が高ければ高いほど、次の年に凝集性のなさ、物足りなさを感じてしまいます。

また、「いい学級になる」ことをゴールにするということは、もしかすると学校というスパンで考えれば、違うのではないか。「みんなが成長できるいい学校になる」ということは、共通のゴールにできます。「いい学級」とはそのためにあるもののはずですよね。「いい学校」のために、学級でできることは何だろうとゴールをつくっていかないといけない。それなのに、学級の凝集性が高いと「いい学級」をつくることが先に来てしまいます。学級同士が対戦相手になってしまうこともありますよね。

子どもにとっては、小学校は6年間、中学校は3年間あります。その年の1年間だけではありません。その年の学級がよければそれでよい、ということはないはずなんです。もう一度、学校のゴールって何だろう、そのために各担任が学級という単位でやることは何だろうということを、考え直す時期に来ていると思います。

ゴールの上にビジョンを掲げる

中竹　確かに会社でも、同じ営業部内なのに課で城をつくり、案件を取り合うということがよくあります。会社としては大きな損失なのに。その点、スポーツは「あの大会で勝とう！」とゴールを立てやすいですね。でもやはり、大会が終わったら、そこで終わってしまいます。ですので私が大事にしているのは、ゴールの上にビジョンを掲げることです。そのビジョンも選手とともに考えます。

ラグビーU20日本代表の監督をしたときに、ゴールは「フランスを倒してベスト8」と設定しました。でも、なぜフランスを倒さないといけないのかを考えます。日本のU20は全員大学生ですが、フランスは全員プロです。明らかに体つきも違う。

そこで私は、「この小さい日本人がもう一度、W杯のように勝つことで、あきらめずにチャレンジすることの大切さを世に広めること」をビジョンに掲げました。「ゴールはフランスに勝つことだが、それは手段の一つであり、本当に実現したいのは『日本人でもできるんだ』ということを体現すること。そのためにU20のチームは招集され世界大会に出るんだ」と、ひたすらを言い続けたのです。

そして世界大会の3試合目、日本はウェールズに大敗。結果だけを見るとこのチームはもう終わりですが、試合の後で選手は「俺たちにはまだビジョンが残っている。大敗は悔しいけど、次の試合に勝ったらビジョンを体現できる。世界を驚かせよう！」と開き直ることができたいのです。

このようにビジョンとは、学校で言うと教室の中で終わるものではなく、学校全体を視野に入れたものだったり、卒業後社会にどう貢献できるかなど、大きければ大きいほどよいのです。

また、目標（＝ゴール）を、私は成果目標・状態目標・行動目標の三つに分けています。成果目標は、大会での勝利などはっきりと目に見えるものです。状態目標は、大会の最後にどういう状態になっていることを目指すか、この練習を終えたときにどんな状態になっていればよいか、という目標です。そして最後の行動目標とは、たとえば「最後の大会にこんな状態で出たい。そのための準備としてこの合宿で何をすればいいか」という目標です。このように成果目標・状態目標・行動目標と分けてそれを達成していくとビジョンに行き着くという流れを、私は毎回整理しています。

岩瀬　なるほど……。成果目標にたどりつけなくても、ビジョンにたどりつけることが起きるということですね。

中竹　起きます。ビジョンに行き着いたかというのはなかなかわかりにくいですが、そこを目指しているということが大事なのです。実際にたどり着けなくても、すごく遠くにあるビジョンを目指している、というくらいがよいかもしれませんね。でもゴールは達成したかどうかがわかるので、ゴールとビジョンは使い分けます。

岩瀬　状態目標って、いいですね。

中竹　企業向けにお話しするときも、企業で目標というと、数字しかありません。でもそれではワクワクしないので、「どんな状態になりたいですか?」と聞きます。そうすると「ただ契約するのではなく、お互いに握手してパートナーになりたいです」と返ってくる。「それならそのためにどんな準備をしますか?」「いきなり契約書を持って行くのではなく、まず仲良くなってから」と行動が決まってくる。

このように、毎日の行動目標をしっかりと立て、それを積み重ねるとこんな状態になり、それを積み重ねていくとこんな成果にたどりつく、と整理することができるのです。

岩瀬　今のお話、すごくよくわかりました！　学級で考えると、学級は、一人ひとりの子どもが成長するための手段です。でも同時に目的でもある。なぜなら、この学級の子どもたちは、20年後には社会をつくっていくコアメンバーになるわけです。

ですから子どもたちには、「君たちは20年後、どんな社会になったら自分たちが居心地よく、力を発揮できるかを、この学級で試す。この学級でできないことは、20年後もできない。できたことは、20年後もできるかもしれない。だからどんな社会になればよいかを、ここで実験してみよう。そのゴール、結果がわかるのは20年後、君たちが大人になったときだよ」とまず伝える。

そしてこれまではその後で、「みんなが力を発揮できる場にするために、ここにいるメンバー全員が安心していられる居心地のいい場にしたい。そのために、自分が具体的にできることと、周りのメンバーにしてほしいことを『行動目標』として紙に書いて貼り出そう。これを大事にしていこう」としていました。

でも、今のお話を聞いて、状態目標の言葉をつくればよかったのかと思いました。「どんな状態になっていれば、僕たちは『いいコミュニティになった』と言えるのか」を言葉にすれば、そこに向けてどう行動していけばいいかがより具体的になりますし、途中で振り返ることもできます。すごくイメージがわきました。

中竹 ワクワクしますね。自分の状態目標もあれば他者の状態目標もある、さらに学校は、社会はなど、無限にフォーカスできる状態はあります。

今日はいろいろと貴重なお話をいただきました。「教室リフォーム」や「演劇」など、私も明日からさっそく使ってみたいと思います。どうもありがとうございました。

岩瀬 とても楽しかったです。ありがとうございました。

岩瀬直樹（いわせ・なおき）
東京学芸大学大学院教育学研究科准教授、一般財団法人「軽井沢風越学園設立準備財団」発起人。１９７０年、北海道生まれ。埼玉県公立小学校教諭として、4校で22年間勤め、学習者中心の授業・学級・学校づくりに取り組む。２０１５年に退職し、現職。学級経営、カリキュラムデザイン等の授業を通じて、教員養成、現職教員の再教育に取り組む。主な著書に『せんせいのつくり方〝これでいいのかな〟と考え始めたわたしへ』（共著、旬報社、２０１４年）、『最高のチームになる！クラスづくりの極意』（農文協、２０１１年）、『最高のクラスのつくり方』（小学館、２０１０年）、『クラスがワクワク楽しくなる！　子どもとつくる教室リフォーム』（共著、学陽書房、２０１７年）。

あとがき

「大人の学びは痛みを伴う」

これは、成人学習の分野において頻繁に使われる言葉です。子どもと違って、大人というものは知識や経験に基づく思想や哲学をもっています。その状態から学ぶということは、自身と異なる考えや知らなかったアイデアを体内に入れることです。その際、腹落ちしない違和感や、そもそも反論したくなるようなストレスを感じることがあるでしょう。実はそれが大人にとっての学びなのです。

本書を通じて共感してくださった部分があれば嬉しいですが、同時に、違和感やモヤモヤが残っていることを期待します。その釈然としない部分について、ぜひ自分自身で考え、皆さんらしい思想や哲学の再構築につなげてほしいからです。

人はインプット（吸収）よりアウトプット（発散）によって学ぶものです。だからこそ本書を閉じたあと、すぐに誰かと共有する場をつくってみることをおすすめします。そこでまた異なる意見も共有し、あなたなりの考えを再構築してみてください。

この繰り返しはリーダーの成長にとって大きな効果をもたらすでしょう。

さらに意識してほしいのは、冒頭の前書きに書いたように、マネジメントの本質は分野を超えて共通だということです。なるべく違う分野の人たちと議論を交わしてみてください。違いを知ることが、やがて力に変わっていきます。

また、私自身がよく使う手法として、マネジメントやコーチングの指導論について、直接教えている選手らとも議論を交わすことがあります。指導手法やコーチング論は、受け手側を巻き込むことが、さらなる進化を生み出すきっかけとなるのです。その場合、私自身の指導に対するネガティブなフィードバックやダメ出しも少なくありません。「今日の練習は、いまいち何のためのトレーニングかがあいまいだった」「昨日のミーティングは、内容が多すぎて消化しきれなかった」といった選手からのダイレクトなフィードバックが成長につながっていると自負しています。

このように、大人の学びには多くの痛みが伴います。けれども、その痛みから逃げることなくチャレンジしていってください。

最後に、私のコーチセミナーで標語として使っている言葉を贈ります。

「No pain, No coach」――痛みを恐れては、指導できない。

〈著者紹介〉

中竹竜二（なかたけ・りゅうじ）

（公財）日本ラグビーフットボール協会コーチングディレクター。

株式会社 TEAMBOX 代表取締役。

1973年、福岡県生まれ。早稲田大学人間科学部に入学し、ラグビー蹴球部に所属。同部主将を務め全国大学選手権で準優勝。卒業後、イギリスに留学。レスター大学大学院社会学部修了。帰国後、株式会社三菱総合研究所入社。2006年早稲田大学ラグビー蹴球部監督に就任。2007年度から２年連続で全国大学選手権２連覇を制覇。2010年日本ラグビーフットボール協会初代コーチングディレクターに就任。2012年より３期にわたりU20日本代表ヘッドコーチを経て、2016年には日本代表ヘッドコーチも兼務。2014年、株式会社TEAMBOXを設立、企業のグローバルリーダー育成トレーニングを行う。

主な著書に『部下を育てるリーダーのレトリック』（日経ＢＰ社）、『マネジャーの最も大切な仕事』（英治出版、監訳）。

特別な才能はいらない
自分にしかできないスクールリーダーになろう

2017年8月1日　初版発行

著　者　　中竹竜二

発行者　　福山孝弘

発行所　　株式会社教育開発研究所
〒113-0033 東京都文京区本郷2-15-13
電話 03-3815-7041
FAX03-3816-2488
URL　http://www.kyouiku-kaihatu.co.jp/

装幀デザイン　水戸部功
対談写真　長井孝

印刷・製本　中央精版印刷株式会社

ISBN　978-4-87380-482-8